Inhaltsverzeichnis

Die folgenden Angebote sind nicht obligatorisch abzuarbeiten. Die Auswahl der Übungen und Übungsteile richtet sich nach den Schwerpunkten des schulinternen Curriculums

СТАРТ Россия

1. Was weißt du bereits über Russland?
2. Was fällt dir zu den Fotos ein?
3. Kennst du Menschen aus Russland? Politiker, Sportler, Sänger, Schauspieler, Nachbarn, Mitschüler, ...?
4. Gibt es bei euch russische Geschäfte oder Restaurants?

И
Ж
Ё
Е

Алфави́т

А а	Б б	В в	Г г	Д д	Е е	Ё ё	Ж ж	З з	И и	Й й
К к	Л л	М м	Н н	О о	П п	Р р	С с	Т т	У у	Ф ф
Х х	Ц ц	Ч ч	Ш ш	Щ щ	Ъ ъ	Ы ы	Ь ь	Э э	Ю ю	Я я

die kyrillische Schrift kennen lernen

Wusstest du schon, dass die kyrillische Schrift, die so genannte Kyrilliza, erst vor etwa 1200 Jahren von den griechischen Mönchen Kyrillos und Methodios entwickelt wurde? Sie entwarfen das kyrillische Alphabet (**алфави́т**) auf der Basis der griechischen Schrift.

1 Buchstabendetektiv

Oben auf dieser Seite stehen die kyrillischen Buchstaben.
Wo findest du Ähnlichkeiten zum Griechischen?

Αα	Ββ	Γγ	Δδ	Εε	Ζζ
Ηη	Θθ	Ιι	Κκ	Λλ	Μμ
Νν	Ξξ	Οο	Ππ	Ρρ	Σσ
Ττ	Υυ	Φφ	Χχ	Ψψ	Ωω

2 Finde die Bedeutung.

Das russische Alphabet hat sechs Buchstaben, die du aus dem Deutschen, d. h. aus der lateinischen Schrift, kennst. Diese Wörter kannst du bereits lesen.

ма́ма, **кака́о**, те́ма, такт

Wenn in den Übungen neue Wörter das erste Mal vorkommen und du sie lernen sollst, sind sie fett gedruckt. Damit du alle Wörter auch richtig aussprechen kannst, ist über der betonten Silbe immer ein Betonungszeichen (Akzent) gesetzt.

кот

3 Höre zu.

a) Höre die folgenden Wörter und erschließe die deutsche Bedeutung.

автóбус, ананáс, банáн, банк, кáсса, кáктус, óпера, **пáпа**, **пáрк**, старт, (тéкст)мáркер

b) Höre die Wörter noch einmal und sprich nach.

4 Buchstabendetektiv

a) Welche neuen Buchstaben enthalten die folgenden russischen Städtenamen? Bei welchen dieser Buchstaben musst du im Vergleich zum Deutschen besonders aufpassen und warum?

Москвá Омск Псков Сарáтов Томск

b) Suche die genannten Städte auf der Karte der Russischen Föderation (Buchumschlagseite). Finde zu einer Stadt deiner Wahl nähere Informationen. Nutze das Internet oder andere Hilfsmittel.

5 Höre zu und sprich nach.

a) Trainiere deine Zunge. Lies laut mit.

ра, ро, ран, рон, тра, тро, тран, трон, ар, ор, тар, тор, кра, кро, бра, бро

b) Achte auf die Aussprache des betonten und unbetonten o.

betont	unbetont
Омск	Сарáтов
Томск	Москвá
автóбус	самовáр

самовáр

6 Vergleiche und ergänze.

E D

a) Schau dir noch einmal die Wörter aus den Übungen 3 und 5 an. Vergleiche die Groß- und Kleinschreibung mit dem Englischen und dem Deutschen. Was stellst du fest?

b) Ergänze den Merksatz: *„Im Russischen werden Substantive – außer ... – ... geschrieben."*

7 Schreibe ab.

Übertrage die Buchstaben und Wörter in Schreibschrift in dein Heft.

А а	Б б	В в	Е е	К к	М м	Н н	О о	П п	Р р	С с	Т т	У у
А а	*Б б*	*В в*	*Е е*	*К к*	*М м*	*Н н*	*О о*	*П п*	*Р р*	*С с*	*Т т*	*У у*

автобус, самовар, тема

какáо, кот, мáма, Москвá, пáпа, парк, текстмаркер

8 Bilde Wörter.

Bilde mit den Silben Wörter, die du bereits auf Russisch sagen und schreiben kannst.

бус тó ав

мо са вáр

нáн ба

тус кáк

9 Vokabeln lernen

↗ L 1

a) Überlege, wie du dir die Wörter aus Übung 7 am besten einprägen kannst.

Hier noch ein paar Tipps für dich:

- Lies den Lerntipp 1 durch.
- Lies die neuen Wörter mehrmals laut.
- Schreibe die neuen Wörter als russisch-deutsche Vokabelgleichung auf.
- Überlege, welche der Wörter so ähnlich klingen oder so ähnlich geschrieben werden wie im Deutschen.

b) Arbeite mit einem Partner. Nennt abwechselnd ein russisches oder deutsches Wort und ergänzt jeweils die deutsche oder russische Entsprechung.

c) Schreibt Wortanfänge oder Wörter mit Lücken auf, die der Partner ergänzen muss.

Приве́т!

А а	Б б	В в	Г г	Д д	Е е	Ё ё	Ж ж	З з	И и	Й й
К к	Л л	М м	Н н	О о	П п	Р р	С с	Т т	У у	Ф ф
Х х	Ц ц	Ч ч	Ш ш	Щ щ	Ъ ъ	Ы ы	Ь ь	Э э	Ю ю	Я я

C1
C2
C3
C4
C5
C6
C7
C8

sich vorstellen, begrüßen und verabschieden | nach Personen fragen

1 Höre zu.

Finde heraus, wer sich vorstellt.

Я Незна́йка.

Я Бори́с.

Я Ди́ма.

Я Ла́ра.

2 Vergleiche.

E D ↗G 1 ↗L 5

Was stellst du fest, wenn du die Sätze in den drei Sprachen vergleichst?

Я Бори́с.

Ich bin Boris.

I'm Boris.

3 Lies und schreibe ab.

Erkennst du Jungen- und Mädchennamen?

Я я	Д д	З з	И и	Й й	Л л	Э э
Я я	*Д д*	*З з*	*И и*	*Й й*	*Л л*	*Э э*

Лидия, Николай, Элла

Зи́на, Ла́ра, Ди́ма, Пе́тя, Э́лла, Ива́н

4 Höre zu.

a) Finde heraus, welche Personen sich begrüßen.

– **Приве́т**! Я Во́ва.
– Приве́т, я Све́та. **А э́то** А́лла **и** Макси́м.

b) Lest den Dialog und setzt Namen aus Übung 3 ein.

5 Übersetze. ↗G 2

Vergleiche die russischen Sätze mit deiner deutschen Übersetzung.
Hat Незнайка Recht?

– Э́то А́лла.
– Э́то ма́ма.

– Э́то А́лла и Макси́м.
– Э́то ма́ма и па́па.

6 Höre zu und sprich nach.

Unterscheide.

[а]	[я]	[с]	[з]
Ри́та	Ка́тя	Све́та	Зи́на
Ли́да	На́дя	Со́ня	Зо́я
И́ра	Бо́ря	Свен	За́ра

7 Lies laut.

Achte auf die richtige Aussprache der Namen.

Ки́ра
и
За́ра

Э́то **не** Зи́на.
Э́то Ки́ра.
Э́то не Ла́ра.
Э́то За́ра.
Э́то не Па́вел.
Э́то Степа́н.
А **вот** Ива́н.

Степа́н
и
Ива́н

8 Höre zu. ↗G 2

Finde heraus, über wen sich die Mädchen unterhalten.

Све́та: Приве́т, Ла́ра!
Ла́ра: Приве́т, Све́та!
Све́та: Ла́ра, **кто** э́то? Э́то Во́ва?
Ла́ра: **Да**, э́то Во́ва.
Све́та: А э́то Бори́с?
Ла́ра: **Нет**, э́то Ди́ма.

9 Höre zu und sprich nach. ↗G 31

Achte auf die Intonation im Aussage- und im Fragesatz.

– Кто э́то? – Э́то Све́та.
– Кто э́то? – Э́то Ла́ра.
– А кто э́то? – Э́то Бори́с и Во́ва.

– Э́то Све́та? – Да, э́то Све́та.
– Э́то Зи́на? – Нет, э́то Ла́ра.

10 Führt ein Gespräch.

Lest den Dialog aus Übung 8. Gestaltet ähnliche Gespräche mit euren Namen.

M – Кто э́то? – Э́то Марк (Ро́берт, А́нне, Ли́за).

11 Arbeite mit der Karte.

Finde auf der Karte der Russischen Föderation die folgenden Städte und Flüsse.

Но́вгород
Ирку́тск
Новосиби́рск
Ле́на
Влади́мир
Дон
Аму́р

12 Höre zu.

a) Höre das Gespräch und finde heraus, wer sich begrüßt und verabschiedet.

Ди́ма: Приве́т, А́лла!
А́лла: Приве́т, Ди́ма! Зи́на, э́то Ди́ма.
Зи́на: **Здра́вствуй**, Ди́ма!
Ди́ма: Здра́вствуй, Зи́на!
А́лла: **До свида́ния**, Ди́ма.
Ди́ма: До свида́ния.
Зи́на: **Пока́**!

b) Höre das Gespräch noch einmal und achte auf die Formen der Begrüßung und Verabschiedung.

13 Trainiere deine Zunge.

Sprich nach.

ре, ра, ва, во, на,
но, да, ди, дво, два,
дро, тра, тре, тро

На дворе́ трава́,
на траве́ дрова́.

14 Das kannst du schon.

Übertrage ins Russische.

- Sage, wer du bist.
- Stelle eine andere Person (einen Mitschüler) vor.
- Frage, wer die andere Person ist.
- Begrüße eine andere Person.
- Verabschiede dich von einer anderen Person.

sich vorstellen	**jemanden vorstellen**
Я Бори́с. Я Све́та.	Э́то Во́ва. (А) э́то А́лла и Макси́м.
sich begrüßen	**sich verabschieden**
Приве́т! Здра́вствуй!	Пока́! До свида́ния!
nach Personen fragen	
Кто э́то? Э́то На́стя?	Да, э́то На́стя. (Нет, э́то Зи́на.)

Как тебя́ зову́т?

А а	Б б	В в	Г г	Д д	Е е	Ё ё	Ж ж	З з	И и	Й й
К к	Л л	М м	Н н	О о	П п	Р р	С с	Т т	У у	Ф ф
Х х	Ц ц	Ч ч	Ш ш	Щ щ	Ъ ъ	Ы ы	Ь ь	Э э	Ю ю	Я я

sagen und fragen, wie man heißt

1 Höre zu.

Finde heraus, welchen Namen die Großmutter nicht sofort versteht.

Све́та: **Ба́бушка**, э́то Ю́ля.
Ба́бушка: Здра́вствуй, Ю́ля!
Ю́ля: **Здра́вствуйте**, Зина́ида Бори́совна!
Ба́бушка: А **ты** кто?
Са́ша: Са́ша.
Ба́бушка: **Как тебя́ зову́т?** Я **не поняла́**.[1]
Са́ша: **Меня́ зову́т** Са́ша.
Ба́бушка: А как **твоя́ фами́лия**?
Са́ша: **Моя́ фами́лия** – Бакла́нов.
Ба́бушка: А, Са́ша Бакла́нов. Здра́вствуй!

[1] Eine männliche Person sagt: **Я не по́нял**.

Julia redet die Großmutter ihrer Freundin mit deren Vor- und Vatersnamen an: **Зина́ида Бори́совна**. Das ist höflich und üblich bei der Anrede Erwachsener, ebenso wie **Здра́вствуйте**. Sascha stellt sich der Großmutter mit Vornamen **Са́ша** und Familiennamen **Бакла́нов** vor.

2 Führt ein Gespräch.

Fragt euch gegenseitig nach euren Vor- und Familiennamen.

Nutzt das Muster.

M
А: Как тебя́ зову́т?
Б: Меня́ зову́т Са́ша. А тебя́?
(А как тебя́ зову́т?)
А: (Меня́ зову́т) Ю́ра.
Б: А как твоя́ фами́лия?
А: (Моя́ фами́лия) Петро́в.

3 Schreibe ab.

Юю	Фф	Ыы	Шш
Юю	Фф	ы	Шш

здравствуйте, моя фамилия

ба́бушка, ты, Ю́ра

4 Lies und übersetze.

Übertrage die Sätze in dein Heft.
Ergänze die deutsche Übersetzung als Merkhilfe.

- Как тебя́ зову́т?
- Кто ты?
- Как твоя́ фами́лия?
- Моя́ фами́лия – Шта́йнер.
- Я не по́нял.
- Я не поняла́.
- Вот Зинаи́да Бори́совна.
- Э́то Са́ша Бакла́нов.

5 Höre zu.

a) [и] oder [ы] ? Sprich nach, achte auf die Mundstellung.

Ми́ла	мы́ло	мы́лом	мы́ла
Mädchenname	Seife	mit Seife	wusch
ми́шка	мы́шка	мы́ши	
Teddybärchen	Mäuschen	Mäuse	
ти́ше	кры́ша	на кры́ше	
leise	Dach	auf dem Dach	
сиди́т	не люби́ла		
sitzt	mochte nicht		

[и] 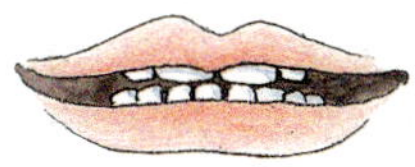

[ы] 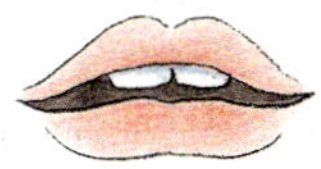

b) Lies die Reime.

Ти́ше, мы́ши, ти́ше, мы́ши!
Кот сиди́т у нас на кры́ше.

Ма́ма Ми́лу мы́лом мы́ла.
Ми́ла мы́ло не люби́ла.

6 Hinweisschilder

Finde die deutsche Bedeutung heraus.

7 Sprachliche Varianten kennen

Welche Formulierungen haben eine ähnliche Bedeutung?

Как тебя́ зову́т? | Здра́вствуй! | Я Ю́ля. | Пока́! | Меня́ зову́т Ю́ля. | До свида́ния! | Кто ты? | Приве́т!

8 Russisch lernen, andere slawische Sprachen verstehen

S ↗L 3

Finde die Bedeutung der Wörter in unterschiedlichen slawischen Sprachen.
Erläutere deine Vorgehensweise.
Was stellst du beim Vergleich dieser Sprachen fest?

Russisch	Ukrainisch	Polnisch	Bulgarisch
авто́бус	автобус	autobus	автобус
апте́ка	аптека	apteka	аптека
бюро́	бюро	biuro	бюро
литерату́ра	література	literatura	литература
маши́на	машина	maszyna	машина
телефо́н	телефон	telefon	телефон
те́хника	техніка	technika	техника
факт	факт	fakt	факт
шеф	шеф	szef	шеф
э́кспорт	експорт	eksport	експорт

9 Dolmetschen

Übersetzt wechselseitig ins Russische und ins Deutsche.

А: Guten Tag, Swetlana Wiktorowna.
Б: Здра́вствуй, Ка́тя!
А: Swetlana Wiktorowna, das ist Annika.
Б: Как тебя́ зову́т? Я не поняла́.
В: Ich heiße Annika.
Б: А ты кто?
Г: Ich bin Markus.
Б: А как твоя́ фами́лия?
Г: Mein Familienname ist Müller.

fragen, wie jemand heißt	sagen, wie man heißt
Как тебя́ зову́т?	Меня́ зову́т Ла́ра. Меня́ зову́т Ди́ма. Меня́ зову́т Ли́за. Меня́ зову́т Фе́ликс.
nach dem Familiennamen fragen	**den Familiennamen nennen**
Как твоя́ фами́лия?	Моя́ фами́лия – Тара́сов (Тара́сова). Моя́ фами́лия – Шмидт.

Ско́лько тебе́ лет?

А а	Б б	В в	Г г	Д д	Е е	Ё ё	Ж ж	З з	И и	Й й
К к	Л л	М м	Н н	О о	П п	Р р	С с	Т т	У у	Ф ф
Х х	Ц ц	Ч ч	Ш ш	Щ щ	Ъ ъ	Ы ы	Ь ь	Э э	Ю ю	Я я

sagen und fragen, wie alt man ist

1 Höre zu.

Wie alt sind die zwei Mädchen und Jungen?

Де́душка: А́ня, **ско́лько тебе́ лет**?
А́ня: **Мне уже́ во́семь** лет.
Де́душка: А тебе́, Же́ня, ско́лько лет?
Же́ня: А мне **двена́дцать** лет.

Серёжа: Ко́стя, ско́лько тебе́ лет?
Ко́стя: **Оди́ннадцать**.
А тебе́?
Серёжа: Мне **то́же** оди́ннадцать.

2 Präge dir die Zahlen ein.

E

a) Höre zu. Welche Zahl klingt auf Englisch ähnlich?

ноль,
оди́н, **два**,
три, **четы́ре**,
пять, **шесть**,
семь, во́семь,
де́вять, **де́сять**

Das Weichheitszeichen **-ь-** weist darauf hin, dass der davor stehende Konsonant weich ausgesprochen wird.

b) Höre zu und sprich nach.
Achte auf die weichen Konsonanten.

де́сять, де́вять, во́семь,
семь, шесть, пять, четы́ре,
три, два, оди́н, ноль

шесть **плюс** два = (бу́дет) во́семь
де́сять **ми́нус** три = (бу́дет) семь

3 Zahlenspiele

a) Diktiert euch abwechselnd die Zahlen und schreibt sie als Ziffer auf.

b) Löst die Aufgaben. Wechselt euch beim Vorlesen und Ausrechnen ab.
Denkt euch weitere Aufgaben aus.

Ско́лько бу́дет 8 + 1? (6 + 2; 7 + 3; 9 – 4; 8 – 5; 7 – 6)

4 Russisch lernen, andere slawische Sprachen verstehen

S

Was stellst du beim Vergleich der Zahlwörter fest?

	1	2	3	4	5
Russisch	оди́н	два	три	четы́ре	пять
Ukrainisch	один	два	три	чотири	п'ять
Polnisch	jeden	dwa	trzy	cztery	pięć
Bulgarisch	един	два	три	четири	пет

5 Höre zu und lies mit.

a) Erschließe die deutsche Bedeutung.

гло́бус, **гита́ра**, жалюзи́, **журна́л**, хо́бби, те́хника, центр, цирк, чемпио́н, объе́кт, субъе́кт

матрёшка, ёлка, ёж, щётка, щи

матрёшка

ёлка

щи

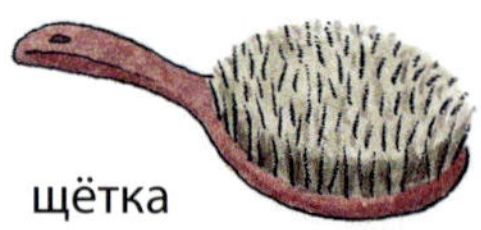
щётка

b) Sprich nach.

Жук упа́л и встать не мо́жет,
Ждёт он, кто ему́ помо́жет.

В на́шей ро́ще живёт ёж,
Он на щётку похо́ж.

6 Schreibe ab.

Г г	Ё ё	Ж ж	Х х	Ц ц	Ч ч	Щ щ	Ъ ъ	Ь ь
Г г	*Ё ё*	*Ж ж*	*Х х*	*Ц ц*	*Ч ч*	*Щ щ*	*ъ*	*ь*

журнал, тоже, центр, ёлка

четы́ре, пять

7 Präge dir die Zahlen ein.

a) Höre zu und sprich nach.

1	оди́н	11	**оди́н**	… на́дцать
2	два (две)	12	**две**	
3	три	13	**три**	
4	четы́ре	14	**четы́р**	
5	пять	15	**пят~~ь~~**	
6	шесть	16	**шест~~ь~~**	
7	семь	17	**сем~~ь~~**	
8	во́семь	18	**восем~~ь~~**	
9	де́вять	19	**девят~~ь~~**	

b) Achte auf die Aussprache der unbetonten Vokale.

3 Silben (2. betont)	4 Silben (2. betont)	4 Silben (3. betont)
две, три, пят, шест, сем > на́дцать	оди́н, четы́р > надцать	восем, девят > на́дцать

8 Führt ein Gespräch.

a) Fragt euch gegenseitig, wie alt ihr seid.

M
– Ско́лько тебе́ лет?
– Мне 13 лет. А тебе́ (ско́лько лет)?
– Мне то́же 13 (лет).

b) Gestaltet ein Gespräch zwischen zwei unbekannten Kindern oder Jugendlichen.

– Begrüßt euch.
– Erkundigt euch nach den Vor- und Familiennamen.
– Fragt nach dem Alter.
– Verabschiedet euch.

fragen, wie alt jemand ist	sagen, wie alt man ist
Ско́лько тебе́ лет? А тебе́?	Мне двена́дцать лет. А мне трина́дцать.

Ты отку́да?

А а	Б б	В в	Г г	Д д	Е е	Ё ё	Ж ж	З з	И и	Й й
К к	Л л	М м	Н н	О о	П п	Р р	С с	Т т	У у	Ф ф
Х х	Ц ц	Ч ч	Ш ш	Щ щ	Ъ ъ	Ы ы	Ь ь	Э э	Ю ю	Я я

sagen und fragen, woher man kommt und welche Sprache man (nicht) spricht

1 Höre zu und lies mit.

Wadim ist Reporter einer Schülerzeitung. Finde heraus, wen er interviewt.
Woher kommen die beiden? Welche Fremdsprachen kennen sie?

Вади́м: Приве́т! Как тебя́ зову́т?
Марк: Меня́ зову́т Марк.
Вади́м: Ты **отку́да**?
Марк: Я **из Герма́нии**, из Берли́на.
Вади́м: Ты **говори́шь по-ру́сски**?
Марк: Да, **говорю́**.

Вади́м: А как тебя́ зову́т?
Све́та: Меня́ зову́т Све́та.
Вади́м: А ты отку́да?
Све́та: Я **из Росси́и**, из Москвы́.
Вади́м: Ты говори́шь **по-неме́цки**?
Све́та: Да, **немно́го**.

2 Übe die Intonation.

↗ G 31

Lies laut und achte auf die Intonation im Aussage- und Fragesatz.

Марк из Герма́нии. ↘
Марк из Берли́на. ↘
Све́та из Росси́и. ↘
Све́та из Москвы́. ↘

Марк из Герма́нии? ↗
Марк из Берли́на? ↗
Све́та из Росси́и? ↗
Све́та из Москвы́? ↗

3 Übersetze.

↗ G 3

Übersetze die Fragen und Antworten ins Deutsche.
Welche grammatische Besonderheit stellst du im Russischen fest?

– Марк из Росси́и? – Нет, Марк из Герма́нии.
– Све́та из Герма́нии? – Нет, Све́та из Росси́и.
– Ты из Герма́нии? – Да, я из Герма́нии.

4 Führt ein Gespräch.

Fragt und antwortet wie in Übung 3.
Verwendet andere Namen.
Achtet auf die Intonation.

5 Lies laut.

a) Lies die Städtenamen und finde Unterschiede heraus. Präge dir die unterstrichenen Formen ein.

Берли́н	→ из Берли́на	Москва́	→ из Москвы́
Ло́ндон	→ из Ло́ндона	Варша́ва	→ из Варша́вы
Санкт-Петербу́рг	→ из Санкт-Петербу́рга	Сама́ра	→ из Сама́ры
Влади́мир*	→ из Влади́мира	Кострома́*	→ из Костромы́

b) Wie lauten die Angaben zu deinem Heimatort?
Deine Lehrerin/dein Lehrer hilft dir sicher.

M Га́мбург – из Га́мбурга
Мю́нхен – из Мю́нхена
Йе́на – из Йе́ны
Га́лле – из Га́лле
Киль – из Ки́ля

Die Städte mit * gehören zum so genannten *Goldenen Ring* **(Золото́е кольцо́)**.

6 Russland kennen lernen

P

Findet heraus, welche Bedeutung die Bezeichnung „Goldener Ring“ hat. Welche Städte gehören dazu und wo befinden sie sich? Nutzt das Internet oder andere Hilfsmittel.

7 Ein Gespräch führen

Fragt euch gegenseitig, wie etwas auf Russisch oder Deutsch heißt.
Nutzt das Lektionswörterverzeichnis.

M *А:* **Как по-ру́сски** *Kater*?
Б: (*Kater* по-ру́сски) кот.
А: **Как по-неме́цки** двена́дцать?
Б: (Двена́дцать по-неме́цки) *zwölf*.

8 Erschließe die Bedeutung.

a) Nach welchen Sprachkenntnissen wird hier gefragt? Wie hast du die Lösung gefunden?

Ты говори́шь … по-францу́зски?
по-италья́нски?
по-по́льски?
по-япо́нски?
по-англи́йски?

b) Beantworte die Fragen.

M – Да, я говорю́ по-англи́йски.
– Нет, я не говорю́ по-францу́зски.

9 Vergleiche.

D E ↗ L5

a) Was stellst du fest, wenn du die Sätze in den drei Sprachen vergleichst?

Ich		spreche	nicht	Russisch.
Я	не	говорю́		по-ру́сски.
I	don't	speak		Russian.

b) Schreibe folgenden Satz ab und ergänze die deutsche Übersetzung.

– Я говорю́ по-неме́цки, по-англи́йски и по-ру́сски.

10 Führt ein Gespräch.

Formuliert Fragen und Antworten zu den Sprachkenntnissen.

M *А:* Изабе́ль, ты говори́шь по-англи́йски?
Б: Нет, я не говорю́ по-англи́йски. Я говорю́ по-францу́зски и немно́го по-ру́сски.

Изабе́ль   Марк   Ди́ма   Э́мили

11 Schreibe ab.

Ergänze die Sätze.

Я говорю по-немецки и 

Я не говорю 

Я немного говорю  *и* 

fragen, woher man kommt	sagen, woher man kommt
Ты отку́да? Ты из Герма́нии (из Берли́на)? Ты из Москвы́?	Я из Герма́нии. Я из Росси́и. Да, я из Герма́нии (из Берли́на). Нет, я из Санкт-Петербу́рга.
nach den Sprachkenntnissen fragen	**sagen, welche Sprache man (nicht) spricht**
Ты говори́шь по-ру́сски?	Я (немно́го) говорю́ по-ру́сски. Я не говорю́ по-англи́йски.

Что ты лю́бишь?

А а	Б б	В в	Г г	Д д	Е е	Ё ё	Ж ж	З з	И и	Й й
К к	Л л	М м	Н н	О о	П п	Р р	С с	Т т	У у	Ф ф
Х х	Ц ц	Ч ч	Ш ш	Щ щ	Ъ ъ	Ы ы	Ь ь	Э э	Ю ю	Я я

sagen und fragen, was man (nicht) mag

1 Lies still.

↗ L2

Welcher Junge ernährt sich gesünder?
Wie hast du herausgefunden, was die Jungen gern essen?

2 Führt ein Gespräch.

Fragt euch gegenseitig, wie die abgebildeten Lebensmittel und Getränke auf Russisch und Deutsch heißen.
Verwendet: Как по-ру́сски… ? Как по-неме́цки…?

хлеб

бу́лочки
(Singular бу́лочка)

бутербро́ды
(Singular бутербро́д)

Brot spielt in Russland zu allen Mahlzeiten eine große Rolle. Das zeigt sich auch in dem alten Brauch, Gäste mit Brot und Salz zu empfangen, die auf einem bestickten Tuch überreicht werden.
Es wird viel schwarzer Tee getrunken. Das heiße Wasser dazu kann man aus einem Samowar nehmen.

чай

сок

молоко́

3 Übersetze. E D ↗G5

Lies den Hinweis von Незнайка. Erkläre, welche Gemeinsamkeiten und Unterschiede zum Deutschen und zum Englischen bestehen.

Что э́то?

Э́то **суп.**

Э́то **ры́ба**.

Э́то **мя́со**.

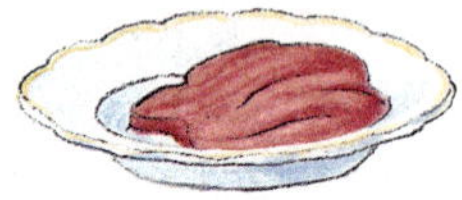

Männliche Substantive sind im Russischen im Nominativ **endungslos. Weibliche** haben meist die Endung **-а** oder **-я**. **Sächliche** enden in der Regel auf **-о, -е** oder **-ё**.

4 Schreibe ab.

Übertrage die Tabelle in dein Heft.
Ordne die Wörter zu.

männlich	weiblich	sächlich

торт суп кака́о **варе́нье** **лимона́д** пи́цца шокола́д ры́ба вино́ ка́ша молоко́ вода́

5 Vergleiche. ↗G6

Achte auf die Endungen der Substantive im Nominativ und Akkusativ.
Welche Funktion im Satz hat das Substantiv im Akkusativ?

Вот борщ.[1] — Я (не) люблю́ борщ.

Вот **ку́рица**. — Я (не) люблю́ ку́риц**у.**

Вот молоко́. — Я (не) люблю́ молок**о́.**

1 Rote-Beete-Suppe

6 Höre zu.

Marc ist zu Gast bei Sascha und unterhält sich mit dessen Mutter.
Welche Speisen und Getränke mag Marc und was mag er nicht?

Марк: Здра́вствуйте, Ната́лья Ви́кторовна!
Ма́ма: Здра́вствуй, Марк!
Марк: Что э́то?
Ма́ма: Э́то ры́ба. Ты **лю́бишь** ры́бу?
Марк: Нет, не люблю́.
Ма́ма: А мя́со лю́бишь?
Марк: Нет, то́же не люблю́.
Ма́ма: А что ты лю́бишь?
Марк: Люблю́ пи́ццу, спаге́тти и **пельме́ни**.

7 Russische Gerichte

Findet die Besonderheiten der Zubereitung heraus. Nutzt das Internet.

Э́то пельме́ни.

Э́то пирожки́.

Э́то блины́.

8 Führt ein Gespräch.

Fragt euch gegenseitig, was ihr gern esst oder trinkt. Verwendet unterschiedliche Fragen.

M – Ты лю́бишь чай? – Что ты лю́бишь? – А ры́бу лю́бишь? – Я люблю́ фру́кты. А ты?

9 Buchstabiere.

Buchstabiere die folgenden Wörter. Schreibe sie dann alphabetisch geordnet in dein Heft.

футбо́л · те́ннис · волейбо́л · джо́ггинг · бокс · спорт · стритбо́л · дзюдо́

10 Führt ein Gespräch.

Fragt euch gegenseitig, welche Sportarten ihr mögt oder nicht mögt.
Verwendet die Muster aus Übung 8.

fragen, was jemand mag oder nicht mag	sagen, was man mag oder nicht mag
Что ты лю́бишь?	Я люблю́ ку́рицу.
Ты лю́бишь пельме́ни?	Да, (пельме́ни) люблю́.
Я люблю́ чай. А ты?	Я то́же (люблю́ чай).
Футбо́л лю́бишь?	Нет, (футбо́л) не люблю́.

Дай мне, пожа́луйста, но́жницы.

А а	Б б	В в	Г г	Д д	Е е	Ё ё	Ж ж	З з	И и	Й й
К к	Л л	М м	Н н	О о	П п	Р р	С с	Т т	У у	Ф ф
Х х	Ц ц	Ч ч	Ш ш	Щ щ	Ъ ъ	Ы ы	Ь ь	Э э	Ю ю	Я я

um etwas bitten und sich bedanken

1 Höre zu.

Höre den Text und lies still mit.
Welche Informationen enthält der Text?

Вот **класс**.
Вот Бори́с и Ла́ра.
Бори́с – **учени́к,** Ла́ра – **учени́ца.**
Бори́с и Ла́ра **в** кла́ссе.
Что **ещё** в кла́ссе?

В кла́ссе

ка́рта

доска́

мел

телеви́зор

стол

стул

су́мка

компью́тер

по́стер

2 Stellt Fragen.

Fragt euch gegenseitig nach Gegenständen in der Klasse.
Verwendet *Как по-ру́сски …?* und *Как по-неме́цки …?*

3 Lies still.

a) Lies, was Boris über sich schreibt.

Меня зовут Борис. Мне 12 лет.
Я ученик. Я из России.
Я говорю по-русски и по-английски.
Я люблю футбол.

b) Denke dir aus, was Lara schreiben könnte.

c) Schreibe nun über dich.

4 Höre zu.

Sprich nach.

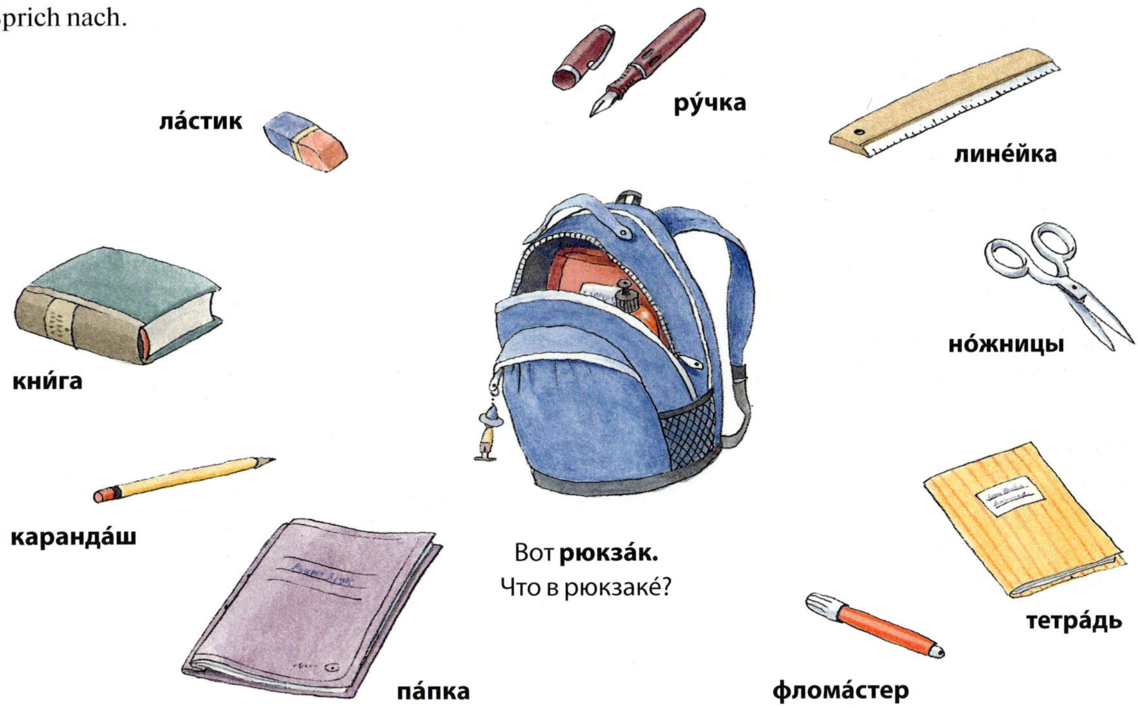

5 Übersetze.

Lies die Dialoge und übersetze ins Deutsche.
Nutze das Lektionswörterverzeichnis.

Ла́ра: Бори́с**, дай мне, пожа́луйста,** ла́стик.
Бори́с: Пожа́луйста.
Ла́ра: **Спаси́бо.**
Бори́с: **Не́ за что.**

Бори́с: Ла́ра, дай мне, пожа́луйста, кни́гу.
Ла́ра: **На, возьми́!**
Бори́с: Спаси́бо.
Ла́ра: Не́ за что.

Willst du einen Erwachsenen oder mehrere Personen bitten, dir etwas zu geben, musst du die Form **Да́йте мне, пожа́луйста, …** verwenden. Das ist so ähnlich wie bei den Formen **Здра́вствуй** und **Здра́вствуйте**, also gut zu merken.

6 Vergleiche die Endungen. ↗ G 6

Du bittest jemanden, dir etwas zu geben.
Was musst du dabei beachten?

что?

Да́й(те) мне, пожа́луйста,
→ каранда́ш_(ла́стик).
→ ру́чку (кни́гу).
→ молоко́ (варе́нье).
→ пирожки́ (Pl.).

7 Führt ein Gespräch.

Spielt ähnliche Dialoge wie in Übung 5.
Nutzt auch die Vokabeln zu Lebensmitteln und Getränken.

8 Schreibe ab.

Ergänze die deutsche Übersetzung.
Nutze dazu die Wendungen der Unterrichtssprache (S. 119).

Повтори(те), пожалуйста!
Слушай(те), пожалуйста!
Посмотри(те), пожалуйста!

9 Das kannst du schon.

Übertrage ins Russische.

1. Frage, wie *Heft* auf Russisch heißt.
2. Nenne die deutsche Entsprechung für *но́жницы*.
3. Lass dir einen Bleistift geben.
4. Bitte deinen Gesprächspartner zu wiederholen.
5. Bedanke dich.

10 Höre zu und sprich nach.

Der Reim enthält Wörter, die aus einer anderen Sprache kommen.
Welche sind das?

Журнали́ст сдава́л в бага́ж
Два журна́ла и пейза́ж.

jemanden um etwas bitten	auf eine Bitte reagieren
Да́й(те) мне, пожа́луйста, каранда́ш. Да́й(те) мне, пожа́луйста, лине́йку. Да́й(те) мне, пожа́луйста, но́жницы.	Пожа́луйста. На, возьми́!
sich bedanken	**auf Dank reagieren**
Спаси́бо.	Не́ за что.

Э́то я ужé умéю.

1 Buchstabenlied

Du kennst jetzt alle russischen Buchstaben.
Präge dir ihre Reihenfolge mit der Melodie
von „Ein Männlein steht im Walde“ ein.

	А бэ вэ гэ дэ е (ё)	
	жэ зэ и (й) ка эль	
	эм эн о пэ эр эс тэ	das lernt sich schnell.
Schwerer geht schon	у эф ха.	
Merkt euch gut	цэ че ша ща.	
Und zum Schluss ganz einfach	(ъ) ы (ь) э ю я.	

2 Arbeitet mit der Karte.

Erstellt ein geografisches Alphabet mit russischen Städten, Flüssen, Seen, Gebirgen. Nutzt die Karte der Russischen Föderation und auch das Internet.

M Аму́р, Байка́л, Во́лга …
… … Яку́тск

3 Übertrage ins Russische.

Gestalte eine Seite für dein Portfolio.
Schreibe auf,

- wie du heißt,
- wie dein Familienname lautet,
- wie alt du bist,
- woher du kommst,
- welche Sprachen du sprichst,
- welche Speisen du magst oder nicht magst,
- welche Sportarten du gut findest.

4 Führt ein Gespräch.

Interviewt euch gegenseitig.
Denkt an die Begrüßung und Verabschiedung.
Nutzt diese Fragen.

Э́то интере́сно.

1 Internationalismen

E D

a) Wie lauten die deutschen und englischen Entsprechungen?
Vergleicht die Wörter in den drei Sprachen.

авто́бус, атле́т, аква́риум, бистро́, институ́т, конце́рт, о́пера, о́фис, профе́ссор, президе́нт, телефо́н, фи́рма

b) Bildet mit den Internationalismen Fragen und Antworten.

M

– Что э́то?	– Э́то авто́бус.
– Кто э́то?	– Э́то профе́ссор.
– Отку́да авто́бус?	– Авто́бус из Росси́и.

2 Kindernamen

Lies laut und überlege, von welchen Vornamen die Kurzformen abgeleitet wurden.

Kurzform

Ди́ма На́стя
Ко́ля Ла́ра Бо́ря
О́ля Ви́тя
Та́ня Са́ша И́ра

Vorname

Никола́й О́льга
Дми́трий Лари́са Бори́с
Татья́на Ви́ктор Алекса́ндр
Анастаси́я Ири́на

3 Vor- und Vatersnamen

a) Schau dir an, wie die Personennamen gebildet werden.
Welche Besonderheiten gibt es bei Vaters- und Familiennamen weiblicher und männlicher Personen?

па́па

ма́ма

Никола́й Миха́йлович Воро́нин — Татья́на Петро́вна Воро́нина

Ви́ктор Никола́евич Воро́нин — Ири́на Никола́евна Воро́нина

Russische Personennamen bestehen aus drei Teilen: dem Vornamen (**и́мя**), dem Vatersnamen (**о́тчество**) und dem Familiennamen (**фами́лия**). Für die Anrede erwachsener Personen verwendet man den Vor- und Vatersnamen, z. B. **Здра́вствуйте, Никола́й Миха́йлович!**

b) Wie begrüßt oder verabschiedest du die Mitglieder der Familie Woronin? Sohn und Tochter sind etwa in deinem Alter.

Для экспе́ртов

1 Прочита́й.

Lies die Reime und lerne sie auswendig.
Suche andere Reime, die zum Alphabet passen.

Алфави́т уже́ мы зна́ем,
Мно́го пи́шем и чита́ем.
И все бу́квы по поря́дку
Без оши́бки называ́ем.

Алфави́т от «А» до «Я»
Зна́ют все мои́ друзья́.

2 Допо́лни.

Sortiere die Tiernamen nach dem Alphabet.
Ergänze weitere Tiernamen.

гепа́рд, тигр, жира́ф, зе́бра,
хамелео́н, крокоди́л, орангута́нг,
попуга́й, стра́ус, фаза́н, дельфи́н,
шака́л, антило́па, э́му, лев, боа́

3 Расскажи́.

Überlege, was du alles über dich auf Russisch sagen kannst.
Nutze dabei mögliche Varianten und die Zusatzlexik.

M Моё и́мя Макси́м, моя́ фами́лия Бе́ккер.
Мой день рожде́ния в апре́ле.
Я живу́ в Берли́не.
Мой родно́й язы́к – ру́сский.
Мой люби́мый напи́ток – фа́нта.
Моё люби́мое блю́до – кеба́б.
Я не люблю́ шпина́т.
Мой люби́мый фрукт – ки́ви.

янва́рь, февра́ль, март, апре́ль, май, ию́нь, ию́ль, а́вгуст, сентя́брь, октя́брь, ноя́брь, дека́брь

абрико́с, айва́, апельси́н, бана́н, гре́йпфру́т, гуа́ва, ки́ви, коко́с, лимо́н, ли́чи, мандари́н, ма́нго, мараку́йя, нектари́н, папа́йя

бульо́н, соля́нка, ка́ша, шашлы́к, котле́ты, соси́ски

омле́т, йо́гурт, творо́г, пу́динг, моро́женое

чи́збургер, бигма́к, макчи́кен, макна́ггетс, карто́фель фри, шеф-сала́т, вани́льный кокте́йль

квас, морс, кефи́р

Пéсни

Éсли вéсело живётся

Éсли вéсело живётся, хлóпай так … *(2 x) Klatschen*
Мы друг дрýгу улыбнёмся,
Éсли вéсело живётся, хлóпай так … *(2 x)*

Éсли вéсело живётся, тóпай так … *(2 x) Trampeln*
Мы друг дрýгу улыбнёмся,
Éсли вéсело живётся, тóпай так … *(2 x)*

Éсли вéсело живётся, дéлай так … *(2 x) Schnippen mit dem Finger*
Мы друг дрýгу улыбнёмся,
Éсли вéсело живётся, дéлай так … *(2 x)*

Éсли вéсело живётся, хорошó, хорошó … *(2 x) Schüler rufen* **хорошó, хорошó**
Мы друг дрýгу улыбнёмся,
Éсли вéсело живётся, хорошó, хорошó. *(2 x)*

Éсли вéсело живётся, дéлай всё … *(2 x) Klatschen/Trampeln*
Мы друг дрýгу улыбнёмся, *Schnippen/* **хорошó**
Éсли вéсело живётся, дéлай всё … *(2x)*

(Nach der Melodie: Von den blauen Bergen kommen wir … /
Wenn du Lust hast, klatsche in die Hand …)

С днём рождéния тебя́

С днём рождéния тебя́.
С днём рождéния тебя́.
С днём рождéния тебя́, (Кáтрин),
С днём рождéния тебя́.

Поздравля́ем тебя́.
Поздравля́ем тебя́.
Поздравля́ем тебя, (Кáтрин),
Поздравля́ем тебя́.

Мы желáем тебé.
Мы желáем тебé.
Мы желáем тебé счáстья,
И здорóвья тебé.

(Nach der Melodie: Happy Birthday to you)

Брáтец Я́ков

Брáтец Я́ков, брáтец Я́ков,
что ты спишь? Что ты спишь?
Кóлокол уж звонит, кóлокол уж звонит:
дин – дан – дон, дин – дан – дон!

(Nach der Melodie: Bruder Jakob / Frère Jaques)

УРОК 1 Кто э́то?

Иоганн Вольфганг Гёте

Елизавета Вторая

Рихард фон Вайцзеккер

Александр Сергеевич Пушкин

Кто это?

Пётр Ильич Чайковский

Екатерина Вторая

Вольфганг Амадей Моцарт

Михаил Сергеевич Горбачёв

1. Welche der abgebildeten Persönlichkeiten kennst du? Was weißt du über sie?
2. Ordne den russischen Persönlichkeiten eine passende andere Person zu.
   Erkläre, wie du vorgegangen bist.
3. Stelle eine russische Persönlichkeit deiner Wahl näher vor.
   Nutze dazu das Internet oder andere Nachschlagewerke.

Кто э́то?

nach Personen fragen | jemanden vorstellen

1 Моя́ семья́

Sascha und Marc zeigen sich ihre Familienfotos.
Wer ist auf dem Foto zu sehen?

2 Кто э́то?

Höre das Gespräch und lies still mit.
Danach kannst du die Frage beantworten.

Са́ша: Марк, э́то моя́ **семья́**. Э́то ма́ма и па́па.
Марк: А кто э́то? **Твоя́** сестра́?
Са́ша: Да, э́то моя́ сестра́. **Её зову́т** На́стя.
Марк: А вот э́то моя́ семья́. Э́то мой па́па и моя́ ма́ма.
Са́ша: А э́то твой **брат**?
Марк: Да, это мой брат. **Его́ зову́т** Ни́ко.

3 Сравни́.

D ↗G 2

Stelle Unterschiede in den russischen und deutschen Fragen fest.
Nutze dazu auch G 2.

Кто	**э́то?**	**Э́то**	**На́стя?**	**Э́то**	**ма́ма и па́па?**
Wer ist	das?	Ist das	Nastja?	Sind das	Mutti und Vati?

4 Говори́ пра́вильно.

Achte auf die Wortbindung und die Intonation.

– Кто э́то? – Э́то я.
– Кто э́то? – Э́то Са́ша.
– Кто э́то? – Э́то Са́ша и На́стя.

– Э́то ты? – Да, э́то я.
– Э́то Са́ша? – Нет, э́то Марк.
– Э́то Марк и Са́ша? – Нет, э́то Марк и Ни́ко.

5 Спроси́.

↗ G 7

Frage deinen Partner, ob bestimmte Dinge oder Familienmitglieder zu ihm oder zu dir gehören.

M Э́то мой журна́л?

Э́то твоя́ кни́га?

кот | па́па | брат

мой – твой

рюкза́к | журна́л | каранда́ш

ма́ма | сестра́ | семья́

моя́ – твоя́

ру́чка | кни́га | лине́йка

письмо́

моё – твоё

кре́сло

6 Рабо́тайте в па́рах.

a) Zeige auf einem Foto oder selbst gemalten Bild, wer zu deiner Familie gehört. Beginne so:

Э́то моя́ семья́. Вот э́то …

b) Spielt ein ähnliches Gespräch wie in Übung 2. Fragt, wer auf euren Fotos zu sehen ist und zeigt die Personen.

7 Спроси́ и отве́ть.

Frage deine Mitschüler, wer auf ihren Fotos oder Bildern zu sehen ist.
Beantworte ihre Fragen zu deinen Fotos oder Bildern.

Э́то твой (твоя́) …?	па́па, де́душка, брат, **дя́дя**
Да, э́то мой (моя́) …	ма́ма, ба́бушка, сестра́, **тётя**
Нет, э́то …	ма́ма + па́па = **роди́тели**

8 А кто э́то?

↗ G 8

Antworte auf die Frage, indem du den Kindern passende Namen gibst.
Beachte den Hinweis unter den Abbildungen.

Э́то …
Он из Шотла́ндии.

Э́то …
Она́ из Испа́нии.

Э́то … и … .
Они́ из Росси́и.

9 Спроси́те и отве́тьте.

Bildet Gruppen und stellt euch gegenseitig als Vertreter aus verschiedenen Ländern vor.
Im Internet findet ihr typische Vornamen.

M

– Кто э́то? – Э́то Хозе́.
– Отку́да он? – Он из Ме́ксики.

– Кто э́то? – Э́то Па́бло и Роза́на.
– Отку́да вы? – Мы из Перу́.

Отку́да	ты?	Я из	А́нглии, Аме́рики, Аргенти́ны, Бе́льгии, Болга́рии, Брази́лии, И́ндии, Ирла́ндии, Испа́нии, Ита́лии, Кана́ды, Ке́нии, Маро́кко, Ме́ксики, Перу́, По́льши, Сингапу́ра, Слова́кии, Туни́са, Ту́рции, Фра́нции, Че́хии, Эквадо́ра, Яма́йки, Япо́нии
	он?	Он из	
	она́?	Она́ из	
	вы?	Мы из	
	они́?	Они́ из	

10 Вспо́мни.

Erinnere dich, wie Saschas Schwester und sein Freund heißen.
Überprüfe deine Antwort mit Hilfe der Übungen 1 und 2.

Са́ша: Э́то моя́ сестра́. Она́ **студе́нтка**.
Как её зову́т?
Твой **отве́т**: Её зову́т … .

Э́то мой **друг**. Он учени́к.
Как его́ зову́т?
Его́ зову́т … .

11 Моя́ семья́ и мои́ друзья́.

a) Zeige auf einem Bild bzw. Foto deine Freundin, deinen Freund oder deine Geschwister, Eltern, Großeltern und sage wie sie heißen.

Вот э́то мой (моя́) … .
Его́ (её) зову́т … .

ма́ма – па́па

тётя – дя́дя

подру́га – друг

сестра́ – брат

ба́бушка – де́душка

b) Gestalte nun eine Seite für dein Portfolio.
Stelle deine Familie und Freunde vor.

nach Personen fragen	jemanden vorstellen
Кто э́то?	Э́то Са́ша. (Э́то Ка́тя.)
Э́то На́стя?	Да, э́то На́стя.
А кто э́то?	А э́то мой друг. (А э́то моя́ подру́га.)
Как его́ (её) зову́т?	Его́ зову́т Марк. (Её зову́т На́стя.)
Э́то твой брат (твоя́ сестра́)?	Нет, э́то мой друг (моя́ подру́га).
Отку́да он (она́)?	Он из Герма́нии. (Она́ из Росси́и.)

Где Бори́с?

fragen und sagen, wo sich jemand bzw. etwas befindet | um Wiederholung bitten

1 Где тури́ст?

a) Beantworte die Fragen.

Тури́ст в Берли́не?

Он в Москве́?

Он в Ло́ндоне?

b) Wie hast du herausgefunden, wo (in welcher Stadt) sich der Tourist aufhält?
Was weißt du bereits über diese Stadt?

2 Сравни́. E D ↗G4

Vergleiche die Wortfolge in den Fragen.
Worin unterscheiden sich die drei Sprachen?

Где тури́ст? — Wo ist der Tourist? — Where is the tourist?

3 Где Бори́с?

Höre das Telefongespräch und lies mit.
Finde heraus, wo sich Boris aufhält.

Ди́ма: **Алло́**!
Ко́ля: Ди́ма, э́то ты? Э́то я, Ко́ля.
Ди́ма: Да, э́то я.
Ко́ля: Ты где?
Ди́ма: В аквапа́рке.
Ко́ля: А где Бори́с?
Ди́ма: Он **на стадио́не**.
Ко́ля: Где? В Ло́ндоне?
Ди́ма: Нет, на стадио́не.
Ко́ля: А, на стадио́не. Спаси́бо. Пока́!
Ди́ма: Пока́!

4 Переведи́те.

E D ↗G 9

a) Übersetzt die Ortsangaben.
Wie habt ihr die deutsche Bedeutung herausgefunden?
Überlegt, wie die Ortsangaben im Englischen lauten.

в	Где?	на
в **университе́те**		на **конце́рте**
в **теа́тре**		на **по́чте**
в **рестора́не**		на фестива́ле
в па́рке		на стадио́не
	до́ма	

b) Vergleicht, wie die Präpositionen im Deutschen und im Russischen wiedergegeben werden. Zu welchem Ergebnis kommt ihr?

c) Lest den Dialog aus Übung 3 mit verteilten Rollen.
Setzt andere Personennamen und Ortsangaben ein. Nutzt Übung 4 a.

5 Спроси́те и отве́тьте.

Fragt, wo sich bestimmte Personen befinden und gebt Auskunft.

M
– Где ба́бушка? – Она́ на конце́рте.
– Кто на конце́рте? – Ба́бушка.

Кто?
тре́нер, тури́ст, учени́ца, тигр, ба́бушка, студе́нт, кот

Где?
в **музе́е**, в **библиоте́ке**, в **спортза́ле**, в кла́ссе, в **зоопа́рке**, на **дива́не**, на конце́рте

6 Говори́ пра́вильно.

Achte auf die Bindung und Aussprache von *в*.

[в] vor stimmhaftem Konsonanten	[ф] vor stimmlosem Konsonanten
в библиоте́ке, в **до́ме**,	в па́рке , в теа́тре,
в **гараже́,** в зоопа́рке	в кла́ссе, в **собо́ре**

7 Что есть в го́роде?

↗G 11

Fragt euch gegenseitig und sagt, was es in der Stadt gibt.

M – В **го́роде есть** теа́тр? – Да, есть.
– Да, в го́роде есть теа́тр.

МУЗЕ́Й | **КАФЕ́** | ТЕА́ТР | **ДИСКОТЕ́КА**

КИНОТЕА́ТР | **ШКО́ЛА** | **МАГАЗИ́Н** | **ЦИРК**

8 Переведи́.

↗G 10

Vergleiche die Sätze. Was muss bei Ortsangaben auf die Frage *Где?* beachtet werden?

Э́то гара́ж_.
Такси́ в гараж**е́.**

Э́то по́чт**а**.
А́ня и Андре́й на по́чт**е**.

Э́то **о́зеро**.
Крокоди́л в о́зер**е**.

Э́то каф**е́**.
Роди́тели в каф**е́**.

9 Повтори́, пожа́луйста.

a) Höre den Dialog und gib den Inhalt wieder.

Ко́ля: Алло́!
О́ля: Мо́жно Ната́шу?[1]
Ко́ля: А Ната́ша ещё в шко́ле.
О́ля: А Степа́на мо́жно?
Ко́ля: Нет. Степа́н в **бассе́йне**.
О́ля: Где он? **Повтори́**, пожа́луйста.
Я не поняла́.
Ко́ля: Степа́н в бассе́йне.
О́ля: **Ла́дно.** Пока́!

1 Kann ich Natascha sprechen? Ist Natascha da?

b) Lest den Dialog mit verteilten Rollen.
Spielt anschließend ein ähnliches Telefongespräch.

10 Где они́?

a) Lies die Nachricht, die Lara für Tanja hinterlegt hat, und finde heraus, wo sich die Familienmitglieder aufhalten.

Таня, мама и папа в ресторане.
Борис в кино. Бабушка на концерте.
А я на дискотеке. Принц дома.
Он на диване.
Лара

b) Schreibe eine ähnliche Mitteilung an einen Freund, an eine Freundin oder an ein Familienmitglied.

fragen und sagen, wo sich jemand bzw. etwas befindet	um Wiederholung bitten, weil man etwas nicht (richtig) verstanden hat.
Где Бори́с? – Он в шко́ле. Где Ла́ра? – Она́ на конце́рте. Где ма́ма и па́па? – Они́ в кафе́. Где Ша́рик? – Он до́ма. В го́роде есть теа́тр? – Да, есть. (Да, в го́роде есть теа́тр).	Повтори́(те), пожа́луйста. Я не по́нял. (Я не поняла́.)

1 B У тебя́ есть брат и́ли сестра́?

Besitz und Nichtvorhandensein ausdrücken | **Zahlenangaben (1–4) machen**

1 У тебя́ есть брат и́ли сестра́?

Höre den Dialog und lies still mit.
Finde heraus, wer eine Schwester hat.
Nenne die Namen.

За́ра и Марк в Сама́ре. Они́ в кафе́.
Са́ша и Ни́на то́же в кафе́.

Ни́на: Марк, **у тебя́ есть** брат **и́ли** сестра́?
Марк: Сестры́ нет. Есть **то́лько** брат. Его́ зову́т Ни́ко.
Ни́на: А у тебя́, За́ра?
За́ра: **У меня́** есть сестра́. Её зову́т Нико́ль.
Са́ша: А брат есть?
За́ра: Нет, бра́та у меня́ нет.
Ни́на: А у меня́ есть сестра́ и брат.

2 Сравни́.

E ↗ G 12,13

Vergleiche die Antworten in den Spalten *ЕСТЬ* und *НЕТ*.
Welche Unterschiede stellst du fest? Wie sagst du das auf Englisch?

ЕСТЬ	НЕТ
У меня́ есть сестра́. У меня́ есть брат. У меня́ есть брат и сестра́.	У меня́ нет сестры́. У меня́ нет бра́та. У меня́ нет бра́та и сестры́.
Ich habe …	Ich habe keine(n) … (Ich habe nicht …)

3 Са́ша, у тебя́ есть брат и́ли сестра́?

Übernehmt die Rollen von Sascha, Nina, Marc und Sara.
Fragt und antwortet nach dem Muster.

M
– Са́ша, у тебя́ есть брат и́ли сестра́?
– У меня́ есть сестра́, а бра́та нет.

Sascha könnte auch sagen:
У меня́ есть то́лько сестра́.

4 У тебя́ есть компью́тер? ↗G 12, 13

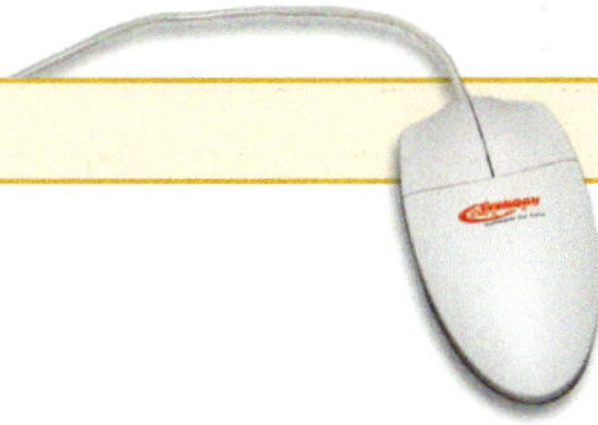

Fragt euch gegenseitig.
Sage, was du hast und nicht hast.

M *А:* У тебя́ есть компью́тер?
Б: Да, у меня́ есть компью́тер.
В: Нет, у меня́ нет компью́тера.

У тебя́ есть

- компью́тер?
- **мышь**?
- **моби́льник**?
- **пле́ер**?
- кни́га?
- **ра́дио**?
- телеви́зор?
- гита́ра?

! Nach **г**, **к**, **х** und **Zischlauten** folgt kein **ы**, sondern **и**!

ЕСТЬ	НЕТ
гита́ра	гита́ры
кни́га	кни́ги
ра́дио	ра́дио
пле́ер	пле́ера
моби́льник	моби́льника
телеви́зор	телеви́зора
мышь	мы́ши

5 У вас до́ма есть ко́шка?

Sage, welches Haustier du hast (ihr zu Hause habt).

M У меня́ есть **ко́шка**. (У **нас** до́ма есть ко́шка.)

кот и ко́шка

попуга́й

соба́ка

канаре́йка

кро́лик

черепа́ха

хомя́к

6 У кого́ есть соба́ка?

↗ G 12, 13

a) Fragt und sagt, wer etwas hat und nicht hat.

У Ни́ны есть
У Та́ни нет

У Бори́са нет
У Андре́я есть

У ма́мы нет
У тёти есть
У ба́бушки нет

маши́на

У Ники́ты есть
У Ва́ни нет

У па́пы есть
У де́душки нет

b) Vergleiche die Endungen der Personenangaben. Worauf musst du achten, wenn du sagen willst, dass bestimmte Personen etwas (nicht) besitzen?

7 Э́то соба́ка Ни́ны и́ли Та́ни?

↗ G 14

Beantworte die Fragen nach dem Muster.

M – Э́то соба́ка Ни́ны и́ли Та́ни?
– Э́то соба́ка Ни́ны.

1. Э́то ра́дио Бори́са и́ли Андре́я?
2. Э́то маши́на ма́мы и́ли тёти?
3. Э́то кро́лик Ники́ты и́ли Ва́ни?
4. Э́то компью́тер па́пы и́ли де́душки?

8 У нас три компью́тера!

↗ G 15

Höre zu und lies mit, wie Dima, Wanja und Katja sich gegenseitig übertreffen wollen.

Ка́тя : У нас до́ма три компью́тера и два телеви́зора!
Ди́ма: А у нас … три маши́ны и … две соба́ки!
Ва́ня: А у меня́ три сестры́ и два бра́та!
Ка́тя и Ди́ма: **Вот э́то да!**

9 Переведи́.

Sage, dass

– Lena zwei Schwestern und einen Bruder hat.
– Artjom eine Schwester und drei Brüder hat.
– Oma drei Schwestern hat.
– Igor vier Tanten und vier Onkels hat.

10 Grammatische Regeln verstehen ↗ L 6

In diesem Lehrbuchabschnitt sind viele Aufgaben mit einem Verweis ↗ G versehen.
a) Blättere noch einmal zurück. Wohin führen dich die Verweise?

b) Schlage den Verweis G 12 auf.
Finde folgende Angaben:
1. das grammatische Thema,
2. den Lektionsabschnitt, in dem die Regel das 1. Mal zur Anwendung kommt,
3. die Redeabsicht, für die du die Regel benötigst.

c) Wann können diese Angaben hilfreich für dich sein?

Hier noch ein paar Tipps für dich:
- Lies die Merksätze sehr aufmerksam.
- Sieh dir ebenso genau die Beispiele an.
- Versuche, die Regel mit eigenen Worten zu erklären.
- Vergleiche mit dem Deutschen und Englischen.
- Ergänze eigene Beispiele.

11 У кого́ есть брат и́ли сестра́?

Fragt und sagt, wer welche Geschwister hat und wie sie heißen könnten.

Besitz und Nichtvorhandensein ausdrücken	
У меня́ есть сестра́ и брат.	У меня́ нет сестры́ (бра́та).
У меня́ есть компью́тер.	У меня́ нет компью́тера.
У Ни́ны есть соба́ка. Э́то соба́ка Ни́ны.	У Та́ни нет соба́ки.
У Бори́са есть пле́ер. Э́то пле́ер Бори́са.	У Ва́ни нет пле́ера.

Zahlenangaben (1–4) machen	
У тебя́ оди́н брат и две сестры́?	У меня́ одна́ сестра́ и два бра́та.

sich nach dem Befinden erkundigen und Auskunft darüber geben | **Grüße ausrichten**

1 Как дела́?

Höre zu, wie die Kinder sich begrüßen und auf die Frage *Wie geht's?* antworten. Lies mit.

И́горь: Приве́т, Ю́лия! Как дела́?
Ю́лия: Су́пер! А у тебя́?
И́горь: **Ничего́**.

Ми́ша: Приве́т, Ко́ля! Как дела́?
Ко́ля: **Всё** о'ке́й. А у тебя́ как?
Ми́ша: **Норма́льно**.

Wie du siehst, begrüßen sich russische Kinder und Jugendliche ähnlich wie deutsche. Allerdings geben sie sich seltener die Hand: Jungen eher als Mädchen.
Wundere dich nicht, wenn du anstelle des Vornamens nur den Familiennamen hörst, z. B. **Приве́т, Петро́в! Приве́т, Кузнецо́ва!**
Das ist etwas abwertend gemeint.

2 Сравни́те.

E D

Sagt, wie ihr auf Deutsch und Englisch sagen würdet.

Су́пер!
Всё о'ке́й.
Das versteht ihr sicherlich ohne Probleme.

3 Отве́ть.

Beantworte für die dargestellten Personen die Frage, wie es ihnen geht.

4 Как у тебя́ дела́?

Führt ein Gespräch.
Nutzt das Muster.

M *А:* Приве́т!
Б: Приве́т! Как у тебя́ дела́?
А: Хорошо́, спаси́бо. (Спаси́бо, хорошо́.) А у тебя́?
Б: У меня́ всё норма́льно.
(…)
А: Ла́дно, пока́!
Б: Пока́!

5 Приве́т Артёму!

Höre den Dialog und lies still mit.

Да́ша: Приве́т, Та́ня!
Та́ня: Приве́т, Да́ша! Как дела́?
Да́ша: Норма́льно, спаси́бо. А у тебя́?
Та́ня: Спаси́бо, хорошо́.
Да́ша: Та́ня, твой брат до́ма?
Та́ня: Нет, Артём ещё в шко́ле.
Да́ша: **Жаль. Переда́й приве́т** Артёму!
Та́ня: Хорошо́, **переда́м**.
Да́ша: Пока́!
Та́ня: Пока́!

6 Сравни́.

↗ G 18

a) Achte auf die Endungen der Namen. Welchen Bedeutungsunterschied gibt es zwischen den Sätzen in den beiden Spalten.

Приве́т, И́ра!
Приве́т, На́стя!
Приве́т, Оле́г!
Приве́т, И́горь!
Приве́т, Ми́ша!

(Переда́й) приве́т → И́ре! / На́сте! / Оле́гу! / И́горю! / Ми́ше!

b) Suche in Übung 5 Sätze mit diesen Strukturen.

7 Алло́! Как дела́?

Führt Telefongespräche.
Erkundigt euch, wo bestimmte Personen sind.
Vergesst die Begrüßung und Verabschiedung nicht.

- бассе́йн
- библиоте́ка
- дискоте́ка
- кино́
- магази́н
- парк
- по́чта
- рестора́н
- стадио́н
- теа́тр
- цирк

M *Са́ша:* Алло́!
Же́ня: Са́ша, э́то ты? Э́то я, Же́ня.
Са́ша: Да, э́то я. Приве́т, Же́ня!
Же́ня: Как дела́?

M *Ко́стя:* На́дя, где Ни́на?
На́дя: Она́ в бассе́йне.
Ко́стя: А, переда́й приве́т Ни́не!
На́дя: Хорошо́, переда́м. Пока́!
Ко́стя: Пока́!

M *Ма́ша:* Ли́да, ма́ма до́ма?
Ли́да: Нет, она́ в магази́не.

8 Verstehenslücken ausgleichen

↗ L 8

Wenn man sich unterhält, kommt es vor, dass man nicht immer alles richtig versteht und noch einmal nachfragen muss. Das ist in der Muttersprache so und erst recht, wenn man eine Fremdsprache benutzt. Aus dem Englischen kennt ihr das bestimmt auch.

a) Lest noch einmal die Dialoge in den Übungen 3 und 9 im Abschnitt 1 Б.
Wie reagieren Kolja und Olja, als sie etwas nicht verstanden haben?
Was könnt ihr daraus für euch übernehmen?

Wenn du etwas nicht verstanden hast, dann
– sage das deinem Gesprächspartner,
– bitte ihn zu wiederholen,
– frage noch einmal nach.

b) Lest die Dialoge mit verteilten Rollen. Gestaltet ähnliche Gespräche.

Та́ня: Э́то моя́ подру́га. Её зову́т Екатери́на.
Па́уль: **Извини́**, я не по́нял. Как её зову́т?
Та́ня: Екатери́на, и́ли **про́сто** Ка́тя.

Све́та: Ко́стя, где Ни́на?
Ко́стя: Она́ в бассе́йне.
Све́та: Она́ в бассе́йне? Я **пра́вильно** поняла́?
Ко́стя: Да. (Да, пра́вильно.)

Анто́н: Мой **но́мер телефо́на** 43-21-34.
Ла́ура: Повтори́, пожа́луйста.
Анто́н: 43-21-34.
Ла́ура: 43-21-34.
Анто́н: Пра́вильно.

9 Переведи́те.

Übernehmt die Rolle der Dolmetscher.

Ната́ша: Приве́т, Ма́ртин!
Martin: Hallo, Natascha.
Ната́ша: Как у тебя́ дела́?
Martin: Danke, gut.
Ната́ша: Где твой брат?
Martin: Fabian ist in der Bibliothek.
Ната́ша: Переда́й приве́т Фа́биану! Пока́!
Martin: Tschüss.

sich nach dem Befinden erkundigen und Auskunft darüber geben	
Как дела́?	Спаси́бо, хорошо́. О́чень хорошо́, спаси́бо.
Grüße ausrichten	
(Переда́й) приве́т Ни́не и Артёму!	Хорошо́, переда́м.

Э́то я уже́ уме́ю.

1 Спроси́те и отве́тьте.

Fragt euch gegenseitig über eure Familie, Haustiere usw. aus.

M За́ра, у тебя́ есть брат? – Да, есть.
А сестра́ есть? – Нет, сестры́ нет.

и́мя	брат	сестра́	кот,	соба́ка,	попуга́й …	моби́льник,	компью́тер …
За́ра	+	–	–	–	+	+	+
Ма́рвин	+	+	–	+	–	–	
Но́ра	–	–	+				
Ян	+						

2 Письмо́ из Росси́и.

a) Benjamin hat Post aus Russland erhalten. Finde heraus, wer ihm schreibt und wer zur Familie gehört. Wie heißt der Hund?

Привет, Беньямин!
Пишет тебе [1] Максим. Мне 12 лет.
Моя семья – это мама, папа, сестра (её зовут Нина) и бабушка.
У меня есть собака – колли. Её зовут Элла.
У тебя есть кот или собака?
Пиши.
Максим

1 es schreibt dir

b) Schreibe einen kurzen Antwortbrief an Maxim.

3 Спроси́те и отве́тьте.

Fragt euch gegenseitig und beantwortet die Fragen. Erkundigt euch, ob
- es in der Schule ein Computerkabinett gibt,
- es eine Schulbibliothek gibt,
- im Unterrichtsraum ein Computer steht,
- die Stadt ein Theater hat,
- zum Kino ein Café gehört,
- es im Park einen See gibt.

M – В шко́ле есть кабине́т информа́тики?
– Да, есть.
– Нет, в шко́ле нет кабине́та информа́тики.

Э́то интере́сно.

1 Сравни́. D

Finde Unterschiede und Gemeinsamkeiten heraus.

Auch in Russland wird die Körpersprache (Mimik und Gestik) verwendet. Es gibt viele Übereinstimmungen, aber auch einige Unterschiede zu Deutschland.

2 Рабо́тайте в па́рах.

Seht euch an, wie russische Kinder mit den Fingern Zahlen zeigen.
Versucht andere Aufgaben auf diese Weise darzustellen.

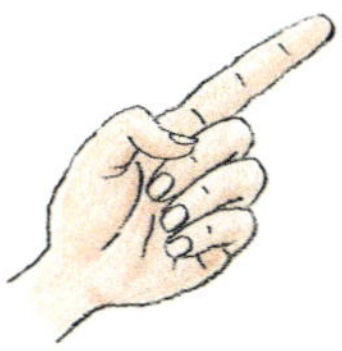 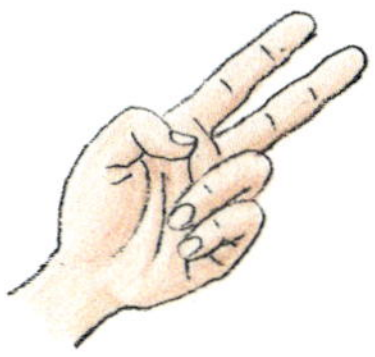 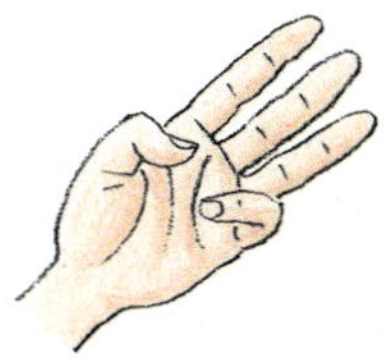

1 + 2 = 3

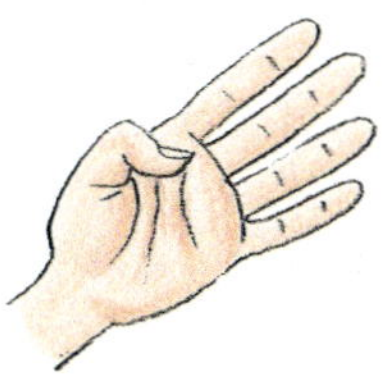  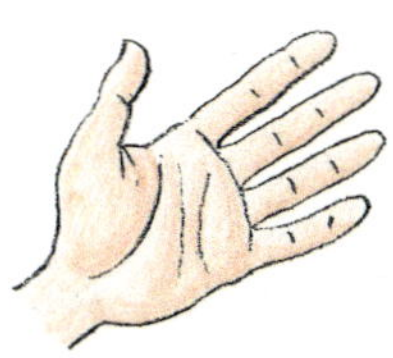

4 + 1 = 5

Для экспе́ртов

1 А э́то кто?

Finde heraus, wer auf den Bildern zu sehen ist.
Stelle diese Persönlichkeiten deinen Mitschülern vor.

2 Кто он? Кто она́?

Stelle Persönlichkeiten vor, die zurzeit sehr bekannt sind.
Nutze Fotos.

M Э́то Мадо́нна. Она́ певи́ца. …

он	она́
пев́ец	певи́ца
актёр	актри́са
спортсме́н	спортсме́нка
учёный	учёный
врач	врач
президе́нт	президе́нт
ка́нцлер	ка́нцлер

3 Мой виртуа́льный го́род

Konstruiere eine Fantasiestadt. Nutze dazu ein Netz von Begriffen, die deine Stadt zu etwas Besonderem oder Originellem machen. Stelle deine Stadt deinen Mitschülern vor.

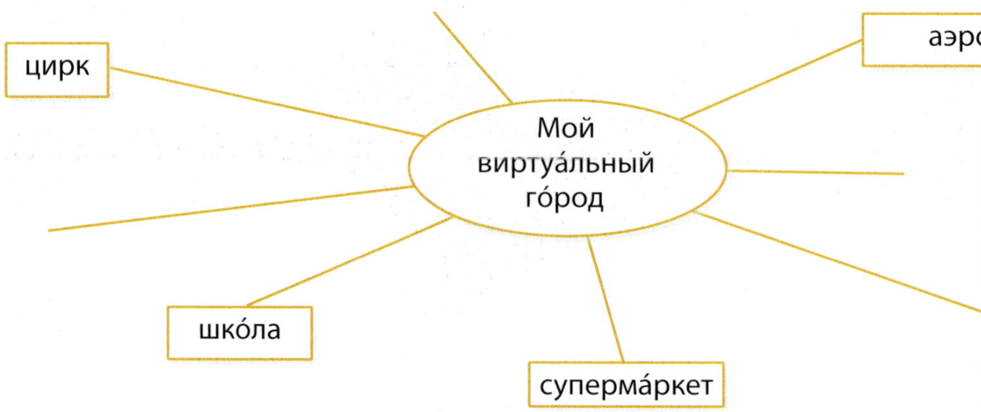

УРОК 2 Моё хóбби

1. Was verbindest du mit dem Wort **хóбби**?
2. Vergleiche die dargestellten Hobbys von russischen Schülern mit deinen eigenen oder denen deiner Freundinnen und Freunde. Was stellst du fest?
3. Wie würde eine Fotoseite zu deinen Freizeitaktivitäten aussehen?

Что ты лю́бишь де́лать?

fragen und sagen, was man (nicht) gern macht	jemanden auffordern, etwas gemeinsam zu tun

1 Та́ня, что ты лю́бишь де́лать?

↗ L 7

a) Höre das Gespräch von Tanja, Mischa und Oleg, die ein Poster zu ihren Hobbys gestalten. Welche Hobbys nennen sie?

Оле́г: Та́ня, что ты лю́бишь **де́лать**?
Та́ня: Я люблю́ **чита́ть** фэ́нтези, а ещё люблю́ **игра́ть на гита́ре**.
Ми́ша: А я люблю́ **слу́шать му́зыку**. **Осо́бенно** люблю́ хип-хо́п. Оле́г, ты лю́бишь игра́ть **в футбо́л**?
Оле́г: Не о́чень. Я люблю́ игра́ть на компью́тере и **сиде́ть в Интерне́те** и́ли в **ча́те**. Ещё люблю́ **смотре́ть телеви́зор**.

b) Wie gehst du beim Hören unbekannter Texte vor? Welche Tipps sind für dich besonders wichtig?

- Ich stelle Vermutungen an. Dabei helfen mir die Aufgabe und Illustration(en).
- Ich konzentriere mich auf das, **was** ich erfahren will (hier: Hobbys).
- Auch wenn ich nicht jedes Wort verstehe, bleibe ich ruhig und höre weiter zu.
- Ich achte auf Wörter, die ich bereits kenne (**телеви́зор**, **люблю́**) oder die deutschen und englischen Wörtern ähneln (hier: **фэ́нтези**, **футбо́л**, **Интерне́т**, **чат**, **гита́ра**, **компью́тер**).
- Ich versuche, diese Wörter sinnvoll mit dem Hörauftrag (hier: mit den Hobbys) zu kombinieren.

2 Сравни́.

D E ↗ G 19

Finde heraus, wie dir die deutschen und englischen Sätze beim Russisch lernen helfen.

Ich spiele gern Fußball.	I like playing football.	Я люблю́ игра́ть в футбо́л.
Ich spiele gern (auf der) Gitarre.	I like playing the guitar.	Я люблю́ игра́ть на гита́ре.

3 Прослу́шай и прочита́й.

Für diese Sportarten findest du sicher schnell die deutschen Entsprechungen. Welche Ballsportarten sind auf S. 53 abgebildet?

гольф
бадминто́н
бейсбо́л
ша́хматы
те́ннис
баскетбо́л
волейбо́л
гандбо́л
хокке́й

4 Говори́ пра́вильно.

Achte auf die richtige Aussprache.

игра́ть [в]: в бадминто́н, в баскетбо́л, в волейбо́л, в гандбо́л

игра́ть [ф]: в те́ннис, в футбо́л, в хокке́й, в ша́хматы

5 Ты лю́бишь му́зыку?

a) Sage, welches Instrument (auf welchem Instrument) du gern spielst.

аккордео́н | гита́ра | ки́борд | кларне́т | пиани́но *(unveränd.)* | фле́йта

M Я люблю́ игра́ть на фле́йте.

скри́пка

труба́

Auf einem Instrument spielen heißt immer **игра́ть + на** (*mit Präp.*) Das gilt auch für den PC!

b) Sage, welche Musik du gern hörst.

поп-му́зыка | рок-му́зыка (хард-ро́к, панк-ро́к, ме́тал) | блюз | хип-хо́п (рэп) | джаз

M Я люблю́ слу́шать **рок-му́зыку**, осо́бенно хард-ро́к.

6 Что они́ лю́бят де́лать?

↗ G 19

Sage, welche gemeinsamen Hobbys bestimmte Personen haben.
Auf welche lustigen Ideen kommst du?

ба́бушка | де́душка | тётя | дя́дя | роди́тели | друг | друзья́ | подру́га | студе́нт | студе́нтка

M Ба́бушка и тётя лю́бят игра́ть в хокке́й.

7 Ты лю́бишь танцева́ть?

Was machen Tabea und Marvin nicht so gern? Und du?

Я не люблю́ **де́лать уро́ки**.

Я не о́чень люблю́ **танцева́ть**.

Мы не лю́бим **рисова́ть**.

M Табе́а (Ма́рвин) не лю́бит … Я то́же не люблю́ … (А я люблю́ …)
Табе́а и Ма́рвин не лю́бят …

8 Что ребя́та ещё лю́бят и́ли не лю́бят де́лать? E D

a) Beantworte die Frage für Tabea, Tanja, Mischa und Marvin.

говори́ть по телефо́ну

фотографи́ровать

ката́ться на ро́ликах

ката́ться на **скейтбо́рде**

ката́ться на **велосипе́де**

M Табе́а ещё лю́бит …
Ма́рвин лю́бит …, а Ма́ртин не лю́бит …

b) Welche Ähnlichkeiten mit deutschen oder englischen Wörtern kannst du feststellen?

телефо́н · ро́лики · скейтбо́рд · фотографи́ровать · танцева́ть

9 Дава́й игра́ть на компью́тере! ↗ G 22

a) Finde heraus, wie Oleg seine Freunde auffordert, etwas gemeinsam zu tun.

Suche in einem Wörterbuch der deutschen Sprache das Wort **dawai**. Wie wird es erklärt?

Оле́г: То́лик, **дава́й** ката́ться на ро́ликах!
То́лик: Дава́й!

Оле́г: О́ля и Ди́ма, **дава́йте** игра́ть в волейбо́л!
О́ля и Ди́ма: Дава́йте!

b) Fordere deinen Freund oder deine Freunde auf, etwas gemeinsam zu unternehmen.

слу́шать рок-му́зыку · сиде́ть в Интерне́те · смотре́ть телеви́зор · де́лать уро́ки

10 Я люблю́ танцева́ть с Да́миелем.

↗ G 23

Lies und finde heraus, wer mit wem etwas gern oder nicht so gern macht.
Mit wem machst du etwas gern?

Анто́н: Я люблю́ ката́ться на ро́ликах с Серге́ем, а с Фе́ликсом не люблю́.
Ле́на: Я люблю́ говори́ть по телефо́ну с подру́гой, а с ба́бушкой и тётей не люблю́.
Ви́ктор: Я люблю́ игра́ть на компью́тере с дру́гом, а с па́пой и сестро́й не о́чень.
А **с кем** ты лю́бишь игра́ть на компью́тере?

11 Что ты лю́бишь де́лать?

Befragt euch gegenseitig, was ihr gern oder nicht so gern macht.
Berücksichtigt möglichst viele Hobbys und Personen,
mit denen ihr etwas gemeinsam macht.

M
– Что ты лю́бишь де́лать? – Я люблю́ фотографи́ровать. А ты?
– Ты лю́бишь сиде́ть в Интерне́те? – Да, люблю́. (Нет, не люблю́.)
– С кем ты лю́бишь игра́ть в бадминто́н? – С подру́гой (с дру́гом).

12 Переведи́те.

Übernehmt die Rolle der Dolmetscher.

Pascal: Nina, welche Hobbys hast du?
Ни́на: Я люблю́ игра́ть в волейбо́л и рисова́ть. А ты?
Pascal: Ich spiele nicht so gern Volleyball, lieber Fußball. Zeichnen mag ich nicht.
Ни́на: А что ты лю́бишь де́лать?
Pascal: Ich spiele gern Computer und chatte mit Nils. Das ist mein Freund. Skateboard fahren finde ich auch gut.
Ни́на: Мой брат то́же лю́бит ката́ться на скейт-бо́рде. А я люблю́ ката́ться на ро́ликах с подру́гой.
Pascal: Wie heißt sie?
Ни́на: На́стя.

13 Что мы лю́бим де́лать?

Gestaltet in Gruppenarbeit eine Collage.
Stellt euch und eure Hobbys vor.

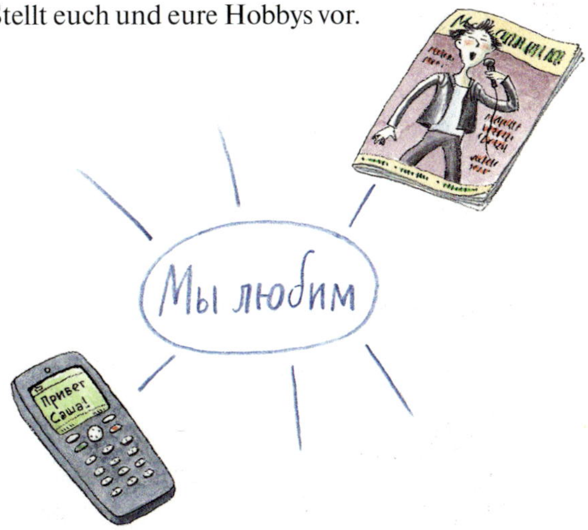

fragen, was man (nicht) gern macht	sagen, was man (nicht) gern macht
Что ты (не) лю́бишь де́лать? Ты лю́бишь игра́ть на гита́ре? С кем ты лю́бишь игра́ть в те́ннис?	Я (не) люблю́ слу́шать поп-му́зыку. Да, люблю́. (Нет, я люблю́ игра́ть на фле́йте.) С подру́гой (с бра́том).
jemanden auffordern, etwas gemeinsam zu tun und darauf reagieren	
Дава́й(те) ката́ться на ро́ликах!	Дава́й(те)!

Когда́ ты игра́ешь на компью́тере?

sagen, was man/jemand zu einer bestimmten Zeit macht | **sich nach der Uhrzeit erkundigen**

1 Что де́лает Ни́на?

Höre zu und lies mit, was Nina im Verlauf des Tages macht.
Was erfährst du über Wanja?

У́тром я до́ма. **Пото́м** я в шко́ле.
Ва́ня то́же. Ма́ма и па́па **днём** в бюро́.

По́сле шко́лы я **обы́чно** до́ма.
Я игра́ю на компью́тере и́ли сижу́ в Интерне́те.
Ва́ня на стадио́не. **Там** он игра́ет в футбо́л.

Ве́чером мы до́ма.
Снача́ла я де́лаю уро́ки.

Пото́м смотрю́ телеви́зор и́ли чита́ю.
Ва́ня сиди́т в ча́те.

2 А что ты де́лаешь по́сле шко́лы и ве́чером?

↗ G 20, 21

a) Wähle die Antworten aus, die auf dich zutreffen oder variiere sie.

По́сле шко́лы я обы́чно **(всегда́)**
- игра́ю на компью́тере (на гита́ре, в ша́хматы).
- де́лаю уро́ки.
- слу́шаю (рок- и поп-)му́зыку.
- смотрю́ телеви́зор.
- говорю́ по телефо́ну с подру́гой (с дру́гом).

Ве́чером я люблю́ рисова́ть (танцева́ть, чита́ть).

b) Frage deinen Partner, was er gewöhnlich abends macht.

M
– Что ты де́лаешь ве́чером? Игра́ешь на компью́тере и́ли де́лаешь уро́ки?
– Ты смо́тришь телеви́зор и́ли говори́шь по телефо́ну с подру́гой (с дру́гом)?
– Ты игра́ешь в ша́хматы? Э́то не **ску́чно**?

3 Кото́рый час?

↗ G 16

Nennt abwechselnd mit Hilfe der Abbildung jede volle Stunde von 1 bis 12 Uhr.

(оди́н) **час**

5–12 **часо́в**

2–4 **часа́**

Man kann auch so nach der Uhrzeit fragen:
Ско́лько вре́мени?
Ско́лько сейча́с вре́мени?

M Сейча́с **ро́вно** час (два часа́, шесть часо́в).

4 Говори́ пра́вильно.

Achte auf die Aussprache des unbetonten **a**.

час	два часа́	пять часо́в
оди́н час	три часа́	де́вять часо́в
ро́вно час	четы́ре часа́	двена́дцать часо́в

5 Запо́мни.

Welche Regelmäßigkeiten erkennst du bei der Bildung der Zehner im Russischen?

20 два́	**дцать**
30 три́	
40 со́рок	
50 пять	**деся́т**
60 шесть	
70 се́мь	**десят**
80 во́семь	
90 девяно́сто	
100 сто	

6 Говори́ пра́вильно.

Achte auf die Betonung.

два́дцать, три́дцать, со́рок

пятьдеся́т, шестьдеся́т

се́мьдесят, во́семьдесят

девяно́сто

7 Сравни́.

E D ↗ G 17

Vergleiche die Bildung mehrgliedriger Grundzahlwörter im Russischen, Englischen und Deutschen. Welche Sprache hilft dir beim Lernen der russischen Zahlen?

два́дцать оди́н	twenty-one	einundzwanzig
два́дцать два	twenty-two	zweiundzwanzig
два́дцать три	twenty-three	dreiundzwanzig
два́дцать четы́ре	twenty-four	vierundzwanzig

8 Ско́лько мину́т? ↗G 15, 16

Lest die Minutenangaben abwechselnd und setzt die Reihen fort.
Formuliert eine Regel für Angaben, die 1 Minute, 2–4 und 5–20, 25–30; 35–40, ... Minuten enthalten.

одна́ мину́та, два́дцать одна́ мину́та, 31 мину́та, …

две мину́**ты**, два́дцать две мину́ты, 32 мину́ты, …
три мину́**ты**, два́дцать три мину́ты, 33 мину́ты, …
четы́ре мину́**ты**, 24 мину́ты, 34 мину́ты, …

пять мину́т_, два́дцать пять мину́т_, 35 мину́т_

9 Кото́рый час?

Fragt und antwortet abwechselnd, wie spät es ist.

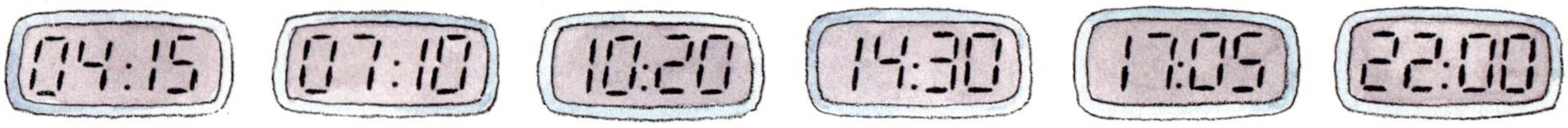

10 Переведи́те. E D

Wie begrüßt man sich auf Deutsch und Englisch zu diesen Zeiten?
Wie kann die russische Begrüßung unabhängig von der Tageszeit lauten?

До́брое у́тро!

До́брый день!

До́брый ве́чер!

11 Когда́ Ва́ня игра́ет на компью́тере? ↗G21

Höre den Text und beantworte die Frage.

У́тром **в** 6 часо́в 30 мину́т Ва́ня **за́втракает** до́ма.
В 8 часо́в он уже́ в шко́ле.
Там он **обе́дает** в 2 часа́.
В 3 часа́ Ва́ня игра́ет в футбо́л,
пото́м он де́лает уро́ки.
Ве́чером в 7 часо́в он **у́жинает** до́ма.
В 8 часо́в он игра́ет на компью́тере.

In Russland wird in der Regel zu Hause gefrühstückt. Das Mittagessen wird auch in den Schulen angeboten. Gewöhnlich gibt es abends zu Hause ein gemeinsames warmes Abendessen.

12 Пра́вильно и́ли непра́вильно? Что непра́вильно?

a) Höre den Text noch einmal und sage, ob die Sätze mit dem Gehörten übereinstimmen.

1. Wanja frühstückt zu Hause.
2. Er frühstückt um 8 Uhr.
3. Mittag isst Wanja in der Schule.
4. Um 3 Uhr spielt er Handball.
5. Abendbrot isst Wanja um 19 Uhr.

Die Moskauer Zeit ist der deutschen Zeit um zwei Stunden voraus. Das heißt, wenn die deutschen Kinder um 6.30 Uhr frühstücken, sind viele russische Schülerinnen und Schüler schon im Unterricht.

b) Lies den Text in Übung 11 und überprüfe deine Antworten.

13 Когда́ ты игра́ешь в гандбо́л?

Übernehmt die Rollen von Oleg und Tanja. Fragt und sagt, wann, wo und mit wem sie ihre Mahlzeiten einnehmen oder ihren Hobbys nachgehen.

	за́втрак	**обе́д**	**у́жин**	
Оле́г	7 ч. – до́ма сестра́	2 ч. в шко́ле	7 ч. – до́ма ма́ма, па́па	2 ч. – гандбо́л, спортза́л 5 ч. – компью́тер, интерне́т-клуб
Та́ня	9 ч. – в шко́ле	3 ч. до́ма	8 ч. – до́ма брат, ба́бушка	2 ч. – гита́ра, шко́ла 9 ч. – телеви́зор, до́ма

M – Когда́ ты за́втракаешь? Где ты обе́даешь? С кем ты у́жинаешь?

14 Расскажи́.

a) Führt untereinander kleine Interviews. Berücksichtigt folgende Fragen:

– Что ты де́лаешь у́тром (днём, ве́чером)?
– Что ты де́лаешь по́сле шко́лы (по́сле за́втрака, обе́да, …)?
– Когда́ ты …. (игра́ешь на гита́ре, за́втракаешь …)?
– Где ты … (игра́ешь в футбо́л, чита́ешь, …)?
– С кем ты … (игра́ешь на компью́тере, говори́шь по телефо́ну, …)?

b) Erzähle von dir oder deinen Freunden mit Hilfe der Antworten aus dem Interview.

sagen, was man/jemand zu einer bestimmten Zeit macht	**sich nach der Uhrzeit erkundigen und Auskunft geben**
По́сле шко́лы я обы́чно (всегда́) де́лаю уро́ки. Ве́чером я смотрю́ телеви́зор. В 7 часо́в Ва́ня за́втракает.	Кото́рый час? – (Сейча́с) 4 часа́ 15 мину́т. Ско́лько сейча́с вре́мени? – Ро́вно 6 часо́в.

2 B Что ты де́лал вчера́?

fragen und sagen, was man gemacht hat und wo jemand war

1 Что де́лал Бори́с? А что де́лала Мари́на?

↗ G 24

Lies und finde heraus, was Boris und Marina zu bestimmten Zeiten machen bzw. gemacht haben.

Ве́чером в 6 часо́в Бори́с до́ма.
Что он де́лает? Бори́с игра́ет на компью́тере.

А что он де́лал по́сле шко́лы?
По́сле шко́лы Бори́с игра́л в футбо́л.

Ве́чером в 6 часо́в Мари́на до́ма.
Что она́ де́лает? Мари́на игра́ет на гита́ре.

А что она́ де́лала по́сле шко́лы?
По́сле шко́лы Мари́на игра́ла в баскетбо́л.

Ве́чером в 7 часо́в Мари́на и Бори́с до́ма.
Что они́ де́лают? Они́ **игра́ют в ка́рты**.

А что они́ де́лали в 4 часа́?
В 4 часа́ Мари́на и Бори́с игра́ли в те́ннис.

Л, л, ла, ла, ла - diese Endungen sind doch klar!
Alle Jungen – **л, л, л**! Alle Mädchen – **ла, ла, ла**!
So leicht ist das Präteritum! Ich kann das jetzt „Hurra"!
Merke nun noch für den Plural **ли, ли, ли** – du bist ein Genie.

Denk dir eine Melodie für das Präteritum-Lied aus.

2 Вчера́ и сего́дня.

a) Vergleiche, was Artjom gestern gemacht hat und was er heute macht.

вчера́	**сего́дня**
Вчера́ Артём за́втракал до́ма.	Сего́дня он за́втракает в шко́ле.
Вчера́ по́сле шко́лы Артём говори́л по телефо́ну с дру́гом.	Сего́дня он говори́т по телефо́ну с де́душкой.
Вчера́ ве́чером Артём смотре́л фильм в кинотеа́тре.	Сего́дня он смо́трит телеви́зор до́ма.

b) Lies die Sätze und ersetze Artjom durch Katja.

3 Что ты де́лал(а) вчера́?

Sage, was du gestern gemacht hast. Nutze das folgende Sprachmaterial.

M Вчера́ я за́втракал(а) в 7 часо́в.

вчера́

у́тром

в час

за́втракать
обе́дать
у́жинать
де́лать уро́ки
чита́ть кни́гу, журна́л
игра́ть на …
игра́ть в …
слу́шать му́зыку
говори́ть по телефо́ну с …

в 3 часа́

днём

в 7 часо́в

по́сле шко́лы

ве́чером

4 Где они́ бы́ли вчера́?

Höre das Gespräch und finde heraus, warum Katja und Maxim das Konzert von Dima Bilan im Fernsehen nicht gesehen haben.

Макси́м: Приве́т, Ка́тя! Как дела́?
Ка́тя: Ничего́. А у тебя́?
Макси́м: Всё о'ке́й. Ты вчера́ смотре́ла **по телеви́зору** конце́рт Ди́мы Била́на?
Ка́тя: Нет, не смотре́ла. Я была́ в кино́. А ты?
Макси́м: То́же не смотре́л. Снача́ла я был **у** Бори́са. Мы **вме́сте** де́лали уро́ки. Пото́м мы бы́ли в интерне́т-кафе́.
Ка́тя: **Поня́тно.**
Макси́м: Ну ла́дно. Пока́!
Ка́тя: Пока́!

5 Говори́ пра́вильно.

Sprich nach. Achte auf die Betonung und die Wortbindung.

Сего́дня па́па был в бюро́.
Вчера́ он не́ был в бюро́.

Та́ня была́ в теа́тре.
А Ле́на не была́ в теа́тре.

Ди́ма и Ни́на бы́ли в ци́рке.
Они́ не́ были в зоопа́рке.

6 Спроси́те и отве́тьте.

Fragt euch gegenseitig, was ihr zu bestimmten Tageszeiten gemacht habt bzw. wo ihr gewesen seid. Nutzt dazu auch die Übung 3.
Verwendet unterschiedliche Frage- und Antwortvarianten, z. B.

– Что ты де́лал(а) вчера́ ве́чером?
– Когда́ ты за́втракал(а) сего́дня?
– Ты вчера́ говори́л(а) (по телефо́ну) с Андре́ем (с Ка́тей)?
– Ты де́лал(а) уро́ки ве́чером?

– Ты был(а́) на стадио́не по́сле шко́лы?

– Я игра́л(а) на компью́тере.
– Я за́втракал(а) в 7 часо́в.
– Да, говори́л(а).
– Нет, не говори́л(а).
– Да, де́лал(а).
– Нет, не де́лал(а).
– Да, был(а́).
– Нет, не был (не была́). Я был(а́) до́ма (в теа́тре, в шко́ле, в кафе́).
– Я был(а́) у Макси́ма (у Мари́ны).

7 Прочита́й текст.

Lies und finde eine passende Überschrift für den Text.

Меня́ зову́т Ко́ля. Я о́чень люблю́ футбо́л.
По́сле шко́лы я **ча́сто** игра́ю в футбо́л.
Я люблю́ смотре́ть футбо́л по телеви́зору.
Вчера́ ве́чером я с ба́бушкой смотре́л футбо́л.
Игра́ли «Дина́мо» и «Спарта́к».
Моя́ ба́бушка то́же о́чень лю́бит футбо́л.

8 Серьёзно?

Formuliert Aussagen und reagiert darauf mit Erstaunen.

M – Мой па́па лю́бит слу́шать рок-му́зыку. – Серьёзно?
– Моя́ сестра́ говори́т по-япо́нски. – Серьёзно?

9 Прочитáй и напиши́ e-mail.

a) Die E-Mail, die Jan seinem russischen Freund geschrieben hat, enthält einige Fehler. Finde heraus, was nicht stimmt und schreibe den Text ohne Fehler auf.

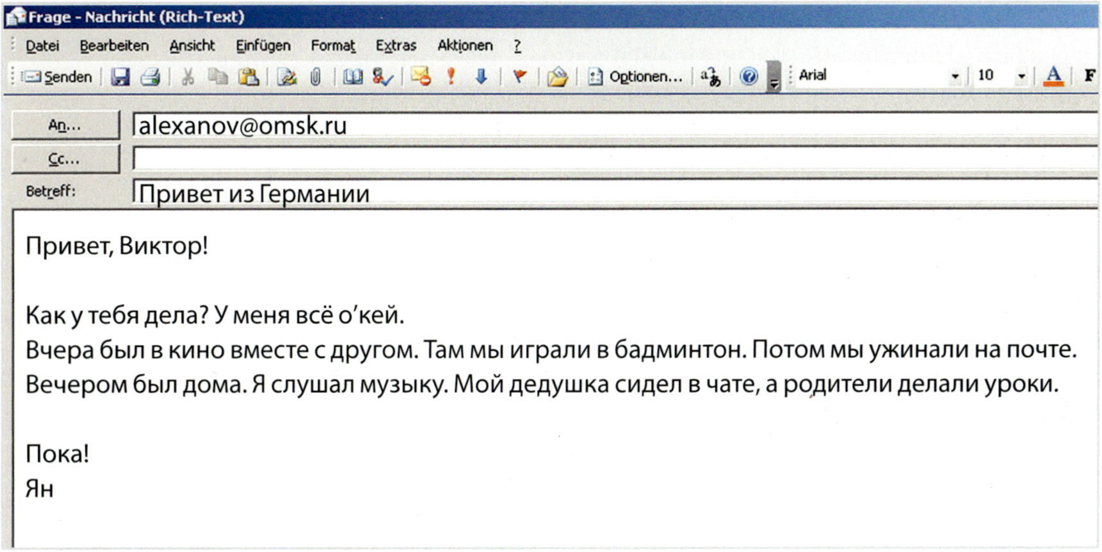

Frage - Nachricht (Rich-Text)

Datei Bearbeiten Ansicht Einfügen Format Extras Aktionen ?

Senden Optionen... Arial 10 A F

An... alexanov@omsk.ru

Cc...

Betreff: Привет из Германии

Привет, Виктор!

Как у тебя дела? У меня всё о'кей.

Вчера был в кино вместе с другом. Там мы играли в бадминтон. Потом мы ужинали на почте.

Вечером был дома. Я слушал музыку. Мой дедушка сидел в чате, а родители делали уроки.

Пока!

Ян

b) Schreibe nun selbst an Viktor und berichte über deinen gestrigen Tag.

10 Прослу́шай и прочитáй стихотворéние.

Erschließe den Inhalt des Gedichts und lies es ausdrucksvoll vor.

Ни учёба[1], ни игрá[2]
Что за стрáнная порá[3]!
Пáпа вéчно[4] в Интернéте
От утрá и до утрá.

И на зáвтрак, и в обéд
Тóлько слы́шишь[5]: «Интернéт».
Ну когдá же, ну когдá
Я услы́шу[6]: «И́нтер-дá»!

Григóрий Розенбéрг

1 weder Studium 2 noch Spiel
3 Was für eine merkwürdige Zeit!
4 ständig
5 immer hörst du nur
6 werde ich hören

fragen und sagen, wann jemand etwas gemacht hat	
Что ты дéлал(а) пóсле шкóлы?	– Пóсле шкóлы я слу́шал(а) му́зыку.
Пáпа ужé обéдал?	– Да, (пáпа) ужé обéдал. Нет, (пáпа) ещё не обéдал.
Когдá вы дéлали урóки?	– Мы дéлали урóки в 3 часá.

fragen und sagen, wo jemand war	
Где ты был(á) вчерá ?	– Вчерá я был(á) в кинó.
Вы сегóдня бы́ли в бассéйне?	– Да, бы́ли. Нет, нé были.

Прия́тного аппети́та!

sagen, dass man etwas essen oder trinken möchte

1 Я о́чень хочу́ есть.

Höre den Dialog und finde heraus, welche Mahlzeit die Kinder einnehmen und was sie essen und trinken wollen.

Оле́г: Ребя́та, ско́лько сейча́с вре́мени?
Та́ня: Уже́ 3 часа́! Я о́чень **хочу́ есть**.
Ви́ктор: Я то́же хочу́ есть и **пить**.
Оле́г: Дава́йте обе́дать!

В буфе́те
Та́ня: Я **возьму́** ку́рицу **с ри́сом** и чай.
Ви́ктор: Я возьму́ **котле́ты** с ри́сом, сала́т и **компо́т**. А ты, Оле́г?
Оле́г: Я хочу́ пельме́ни и ко́лу.

Котле́ты sind Buletten, Frikadellen oder Klopse aus gehacktem Fleisch oder Fisch.
Компо́т wird aus Gläsern getrunken.

БУФЕ́Т

Обе́д

- соля́нка, борщ
- блины́
- пельме́ни
- пи́цца, сала́т
- ку́рица с ри́сом
- котле́ты с пюре́
- чай, ко́фе, кака́о
- вода́, лимона́д, ко́ла, компо́т

2 Сравни́.

↗ G 19

Vergleiche die beiden Sätze und erkläre, worin der Bedeutungsunterschied besteht.

– Я люблю́ есть макаро́ны и (люблю́) пить компо́т.

– Я хочу́ есть макаро́ны и (хочу́) пить компо́т.

3 Что ты хо́чешь есть и пить?

Befragt euch gegenseitig, was ihr zu bestimmten Mahlzeiten gern esst und trinkt und worauf ihr jetzt Appetit habt. Verwendet auch die Wörter aus den Übungen in Старт 6 (S. 23–25).

M Что ты лю́бишь есть (пить) **на за́втрак**?

На за́втрак я люблю́ → есть бу́лочки. / → пить молоко́.

M Что ты хо́чешь есть (пить) **на обе́д** (**на у́жин**)?

На обе́д (на у́жин) я хочу́ → есть ры́бу. / → пить чай.

4 В буфéте ↗G 6

Gib eine Bestellung auf.
Verwende die Speisekarte aus Übung 1.

M Я возьмý соля́нку и лимонáд.

5 Читáй скороговóрку.

Lies den Zungenbrecher. Beachte die Betonung.

Приготóвила[1] Лари́са
Для Бори́са суп из ри́са.
А Бори́с Лари́су
Угости́л[2] ири́сом[3].

[1] kochen (Prät.).
[2] bewirten (Prät.) [3] Bonbon

In Russland ist es üblich, Gäste reichlich mit Speisen und Getränken zu bewirten. Deshalb kann eine Mahlzeit durchaus 2–3 Stunden oder länger dauern. Serviert wird in einzelnen Etappen, die man **блю́до** (Gang) nennt.
Vor jeder Mahlzeit wünscht man einander
Прия́тного аппети́та!

6 Прия́тного аппети́та!

Martina ist zu Gast bei Oleg und seiner Familie. Lies den Dialog.
Nutze das Lektionswörterverzeichnis.
Was wird Martina angeboten und warum verzichtet sie darauf?

Еле́на Петро́вна: Марти́на, ку́рицу лю́бишь?
Марти́на: Да, люблю́.
Еле́на Петро́вна: **Бери́ ещё**!
Марти́на: Спаси́бо.
Оле́г: **Бу́дешь ещё** сок?
Марти́на: Да, **с удово́льствием**.
Влади́мир Бори́сович: А ты ещё **попро́буй** пельме́ни!
Марти́на: Ой, **я бо́льше не могу́**. Я **сыта́[1]**.
Спаси́бо**, всё бы́ло о́чень вку́сно!**

1 Я сыта́ sagt eine weibliche Person.
Я **сыт** sagt eine männliche Person.

7 Что э́то?

Schreibe die Zahlen von 1–10 auf und ordne die Wörter aus dem Kasten zu.
Nenne die Nummer des Fotos und sage, was darauf abgebildet ist.

Квас ist ein erfrischendes, etwas säuerlich schmeckendes Getränk.

M Но́мер оди́н – э́то чай.

1

2

3

10

соси́ски 6
сала́т 5
квас 3
ку́рица 10
чай 1
вода́ 8
конфе́ты 7
торт 2
карто́фель фри 5
фру́кты 4

4

5

9

8

7

6

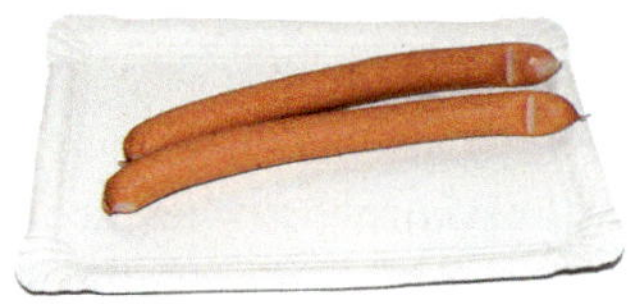

8 Рабо́тайте в па́рах.

Fordert euch gegenseitig auf, Speisen und Getränke aus Übung 7 zu nehmen.
Reagiert zustimmend oder ablehnend.
Nutzt auch die Übung 6.

M Бери́ ещё … !
Попро́буй … .!
Бу́дешь ещё … ?

9 Скажи́ по-ру́сски.

a) Frage deinen Gesprächspartner,

– was er gern zu Mittag isst,
– ob er Hunger hat,
– worauf er Appetit hat,
– ob er Durst hat,
– was er jetzt trinken möchte,
– ob er noch Suppe möchte,
– ob er gern Würstchen isst.

b) Sage deinem Gesprächspartner, dass

– du zu Mittag gern Spagetti isst,
– du großen Hunger hast,
– du jetzt Appetit auf Bliny hast,
– du Fisch nicht magst,
– du Durst hast,
– du satt bist,
– alles sehr gut geschmeckt hat.

10 Что Джон лю́бит есть на за́втрак?

D E F ↗L 10

a) Sage, aus welchen Ländern die Kinder kommen.
Vergleiche, was sie zum Frühstück essen und trinken.

Э́то Джон. Он из …
На за́втрак он лю́бит есть мю́сли и пить чай с молоко́м.

Э́то Жане́т. Она из …
На за́втрак она лю́бит есть баге́ты и пить ко́фе с молоко́м.

Э́то Сла́ва. Он из …
На за́втрак он лю́бит есть соси́ски и пить чай с варе́ньем.

b) Formuliere einen Text, der für Kinder aus Deutschland zutreffen würde.

c) Kannst du auch Vergleiche zu den anderen Mahlzeiten (Mittag, Kaffee, Abendessen) anstellen?

fragen, ob man hungrig (durstig) ist und darauf reagieren	
Ты хо́чешь есть (пить)?	– Да, хочу́. Нет, не хочу́. Я сыт (сыта́).
fragen, was man essen (trinken) möchte und darauf reagieren	
Что ты хо́чешь есть (пить)?	– Я хочу́ пи́ццу (пирожки́) и лимона́д (во́ду). – Я возьму́ котле́ты с ри́сом.
jemanden auffordern, noch etwas zu nehmen, zu kosten und darauf reagieren	
Бери́ ещё сала́т! Попро́буй ёще конфе́ты!	– Спаси́бо, я бо́льше не могу́. – Спаси́бо, всё бы́ло о́чень вку́сно. – Спаси́бо, с удово́льствием!

Э́то я уже́ уме́ю.

1 Моё хóбби

a) Gestalte einen kurzen Steckbrief über dich und deine Hobbys. Nutze die Muster.

M

Алексей Петров
11 лет, Тула,
кататься на скейтборде,
играть в волейбол,
сидеть в Интернете

Оксана Иванова
12 лет, Смоленск,
играть на гитаре,
смотреть телевизор,
читать фэнтези

b) Stelle dich mithilfe deines Steckbriefs vor.

M Меня́ зову́т Алёша. Я люблю́ ката́ться на скéйтбóрде.
Я ча́сто игра́ю в волейбóл. Дóма я люблю́ сиде́ть в Интерне́те.

2 Кто лю́бит смотре́ть телеви́зор?

Legt eure Steckbriefe auf den Tisch und vermischt sie. Nun zieht jeder einen Brief.
Übernehmt die Rolle der gezogenen Person und beantwortet die Fragen zu möglichen Hobbys bis der Name erraten wird.

M
– Ты лю́бишь ката́ться на велосипе́де?
– Нет, не люблю́.
– Ты лю́бишь смотре́ть телеви́зор?
– Да, люблю́.

3 Что де́лали ребя́та?

a) Übernehmt abwechselnd die Rolle eines Reporters und die von Marc oder Cora.
Gestaltet kleine Interviews.

Марк и Свен

Fragt und antwortet:
- was
- wer
- wann
- wo
- mit wem

gestern gemacht hat.

Кóра и Ли́за

b) Führt nun untereinander Gespräche zu eurem gestrigen Tag.

Э́то интере́сно.

1 Кото́рый час в Магада́не?

a) Fragt und sagt mit Hilfe der Karte, wie spät es in verschiedenen russischen Städten ist.

M В Москве́ 14 часо́в, а в Магада́не уже́ 22 часа́.
А кото́рый час сейча́с в О́мске?

Russland ist ein so großes Land, dass es sich über 12 Zeitzonen erstreckt.
Die Zeitverschiebung wird immer im Vergleich zur Moskauer Zeit (моско́вское вре́мя) angegeben.

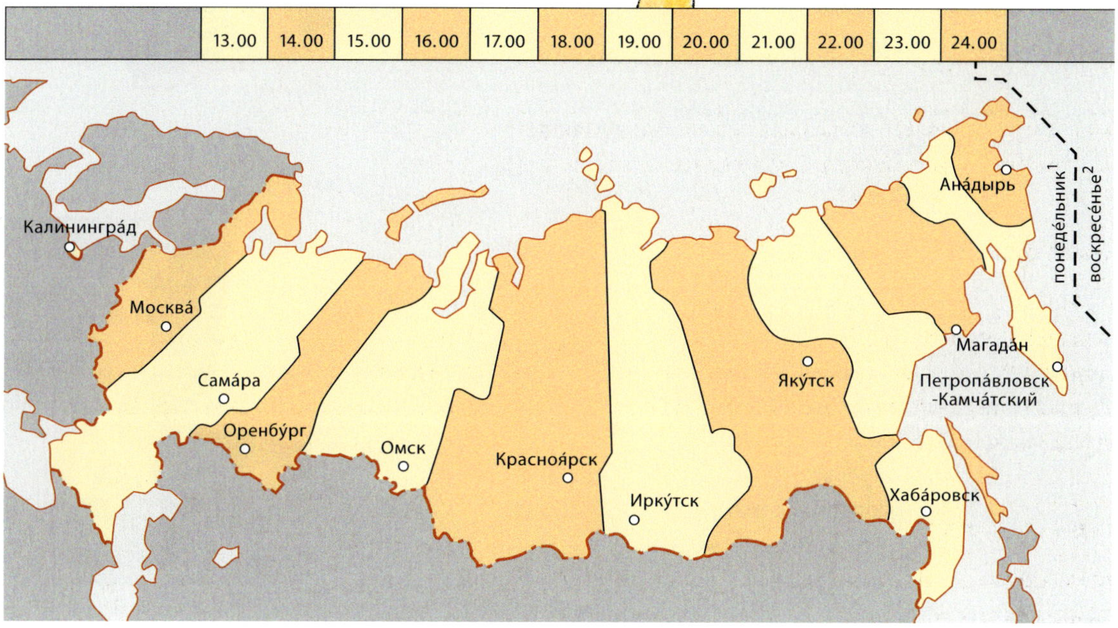

b) Wie oft wird das neue Jahr (Но́вый год) in Russland begrüßt?
Wo zuerst?

1 Montag
2 Sonntag

2 Ско́лько вре́мени в Ирку́тске?

Führt ähnliche Gespräche wie in Übung 1. Verwendet Städte und Länder aus den 36 Zeitzonen der Welt. Nutzt eure Geografiekenntnisse oder sucht im Internet.

M У нас в Магдебу́рге 10 часо́в.
А ско́лько сейча́с вре́мени в Ирку́тске?

M Све́та и Ки́ра обе́дают в Москве́.
А что де́лает тётя Ки́ры в Хаба́ровске?

1 Что пи́шут ребя́та?

a) Lies die Briefe. Was hast du über die Absender und ihre Hobbys erfahren?

b) Antworte auf einen Brief deiner Wahl.

Привет всем!

Пишет вам Александра, классная девчонка из Москвы.
Я люблю слушать рок-музыку, например, Пинк и Тату.
По гороскопу я Лев. Мне 13 лет.
В свободное время я люблю болтать по телефону и читать журнал Штучка.
Пишите, отвечу всем!

Здравствуйте!
Моё имя – Владимир. Пишу вам из города Торжка.
Я слушаю всё, что популярно.
Люблю фильм Блейд.
Мне 12 лет.
Пишите, постараюсь ответить всем!

Привет!

Меня зовут Оля. Мне 13 лет.
Слушаю Земфиру, Би-2 и других звёзд.
Хочу переписываться с девочкой.
Пишите, ответ гарантирую.

Земфи́ра

2 Что лю́бит есть ГЛЮК'OZA?

Lies, welche Vorlieben die bekannte russische Sängerin hat.
Was würdest du auf die Fragen antworten?

ГЛЮК'OZA

Журнали́ст: Каку́ю ку́хню ты лю́бишь?
ГЛЮК'OZA: Япо́нскую, так как она́ са́мая здоро́вая. И на́шу ру́сскую, осо́бенно дома́шнюю: котле́тки, жа́реную ку́рицу. Э́то, коне́чно, не диети́ческая еда́, зато́ вку́сная. Ещё бельги́йскую ку́хню люблю́ – она́ интере́сная и сы́тная.
Журнали́ст: Как ты отно́сишься к шокола́ду?
ГЛЮК'OZA: Я люблю́ сла́дкое.
Журнали́ст: Есть ли у тебя люби́мое блю́до?
ГЛЮК'OZA: Наве́рное, су́ши и мисо́-суп.

Здесь я до́ма.

1. Vergleiche die Fotos mit deiner Wohnsituation.
   Welche Gemeinsamkeiten und Unterschiede stellst du fest?
2. Wie würdest du diese Seite für Schüler gestalten, die Deutsch lernen?
3. Welche russischen Großstädte kennst du?

Где ты живёшь?

den Wohnort erfragen und benennen | nach Eigenschaften fragen und sie benennen

1 Вопро́сы и отве́ты

a) Lies, wie Oleg die Fragen in Vorbereitung auf einen Schüleraustausch beantwortet hat. Wie schätzt er seine Deutschkenntnisse ein? Was erfährst du über seinen Heimatort? Nutze beim Lesen das Lektionswörterverzeichnis.

Вопро́сы	**Отве́ты**
Как тебя́ зову́т?	Моё **и́мя** Оле́г, моя́ фами́лия – Кузнецо́в.
Ско́лько тебе́ лет?	Мне 13 лет.
Ты говори́шь по-неме́цки?	Немно́го.
Где ты **живёшь**?	Я живу́ в Яросла́вле.
Э́то го́род и́ли **дере́вня**?	Яросла́вль – э́то **большо́й** го́род. Э́то мой **родно́й** го́род.
Где **нахо́дится** твой го́род (твоя́ дере́вня)?	Мой родно́й го́род нахо́дится в **це́нтре** Росси́и, **недалеко́ от** Москвы́, **на реке́** Во́лге.

b) Schreibe Fragen auf, die Du einem Austauschschüler stellen würdest.

2 Отку́да Оле́г?

Lies die Antworten von Oleg in Übung 1 noch einmal und beantworte die Fragen.

1. Где живёт Оле́г?
2. Яросла́вль – э́то го́род и́ли дере́вня?
3. Где нахо́дится Яросла́вль?
4. Э́то **далеко́** от Москвы́?

Яросла́вль

3 Говори́ пра́вильно.

Achte auf die Aussprache der Vokale nach **ж** und **ц**.

– Где ты живёшь? – Я живу́ в це́нтре.

– Где вы живёте? – Мы живём недалеко́ от ци́рка.

– Же́ня, где ты? – На конце́рте.

и nach **ж** wird wie **ы** gesprochen, **е** nach **ж** und **ц** wie **e** in Geld.

4 Где нахо́дится Яку́тск?

a) Fragt und erklärt, wo sich die folgenden Städte befinden.

1. Га́мбург
2. Фра́нкфурт-на-Ма́йне
3. Дре́зден
4. Яку́тск
5. Комсомо́льск-на-Аму́ре
6. Пермь

M – Где нахо́дится Яку́тск?
– Он нахо́дится на восто́ке Росси́и, на реке́ Ле́не.

се́вер
(где? – **на** се́вере)

за́пад
(где? – на за́паде)

восто́к
(где? – на восто́ке)

юг
(где? – на ю́ге)

b) Erfragt und erklärt die geografische Lage von Orten eurer Wahl. Nutzt auch einen Atlas und die Karte auf der Umschlagseite.

5 Где ты живёшь?

a) Hört die Dialoge und lest sie dann mit verteilten Rollen.

Же́ня: Макс, где ты живёшь?
Макс: Я живу́ в Рёверсха́гене.
Же́ня: Э́то го́род и́ли дере́вня?
Макс: Э́то **ма́ленькая** дере́вня.
Же́ня: А где она́ нахо́дится?
Макс: Она́ нахо́дится на се́вере Герма́нии, недалеко́ от Ро́стока.

Ва́ля: Ро́ми, отку́да ты?
Ро́ми: Я из Ко́бленца.
Ва́ля: Ко́бленц – э́то го́род?
Ро́ми: Да, Ко́бленц – **небольшо́й** го́род. Э́то мой родно́й го́род.
Ва́ля: А где он нахо́дится?
Ро́ми: Он нахо́дится на за́паде Герма́нии, на Ре́йне и Мо́зеле.

b) Gestaltet ähnliche Dialoge zu eurem Heimatort.

Го́род (дере́вня) нахо́дится
– недалеко́ от *mit Gen.*
– в це́нтре Герма́нии
– на се́вере, восто́ке, ю́ге, за́паде Герма́нии
– на (реке́) Ма́йне, О́дере

Ко́бленц

6 Мой родно́й го́род

Lies, was Lena über ihren Heimatort schreibt.
Welche Sehenswürdigkeiten nennt sie?

Я живу́ в Во́логде. Во́логда – э́то большо́й го́род на реке́ Во́логде. Во́логда – небольша́я река́. У нас в го́роде есть университе́т, институ́ты, шко́лы, библиоте́ки, теа́тры, стадио́ны. В це́нтре го́рода – **Кремлёвская пло́щадь**. Там **нахо́дятся ста́рый кремль** и Софи́йский собо́р, а недалеко́ от собо́ра – **интере́сный** музе́й кру́жева[1]. А ещё **здесь** есть **краси́вый** парк. **Но́вое** кафе́ в па́рке – моё **люби́мое ме́сто**. **У́лица Ми́ра** – **центра́льная** у́лица в го́роде. Здесь нахо́дятся **ба́нки**, **гости́ницы**, рестора́ны и, **коне́чно**, магази́ны.

Ле́на Бе́лкина

1 Museum „Wologdaer Spitze“

Кру́жево из Во́логды

Софи́йский собо́р в Во́логде

7 Прочита́й и переведи́.

↗ G 25

a) Lies die Sätze und übersetze sie.

У нас в го́роде есть университе́т, институ́ты, шко́лы, библиоте́ки, музе́и, теа́тры, стадио́ны.
Здесь нахо́дятся ба́нки, гости́ницы, рестора́ны и, коне́чно, магази́ны.

b) Formuliere Regeln zur Bildung des Plurals.

Leider gibt es auch Ausnahmen. Die findest du im grammatischen Anhang in deinem Arbeitsheft. Beachte auch den Betonungswechsel. Dafür stimmen einige Internationalismen wie **кафе́, кино́** im Sg. und Pl. überein, weil sie nicht dekliniert werden.

В го́роде есть

m.		w.		s.	
Sg.	**Pl.**	**Sg.**	**Pl.**	**Sg.**	**Pl.**
теа́тр	теа́тры	шко́ла	шко́лы	ме́сто	места́ (!)
собо́р	собо́ры	гости́ница	гости́ницы	о́зеро	озёра (!)
парк	па́рки	библиоте́ка	библиоте́ки		
музе́й	музе́и	река́	ре́ки (!)		

c) Bilde den Plural von folgenden Substantiven.

университе́т | у́лица | цирк | зоопа́рк | по́чта | кинотеа́тр | спортза́л

3 А
3 Б
3 В
3 Г
3 Д

8 Сравни́.

D E ↗G 26

Worauf musst du beim Gebrauch der Adjektive achten?
Finde Gemeinsamkeiten und Unterschiede im Russischen und Deutschen.
Wie lauten die Wortgruppen im Englischen?

краси́вый парк	краси́вое кафе́	краси́вая у́лица	краси́вые собо́ры
ein schöner Park	ein schönes Café	eine schöne Straße	schöne Kathedralen

9 Говори́ пра́вильно.

Achte auf die Aussprache der Adjektivendungen.

но́вый банк	но́вое кафе́	но́вая гости́ница	но́вые магази́ны
ста́рый кремль	ста́рое бюро́	ста́рая у́лица	ста́рые собо́ры
большо́й го́род	большо́е о́зеро	больша́я река́	больши́е города́
ма́ленький теа́тр	ма́ленькое о́зеро	ма́ленькая пло́щадь	ма́ленькие дере́вни
люби́мый рестора́н	люби́мое ме́сто	люби́мая дере́вня	люби́мые города́

10 Отве́ть на вопро́сы.

Beantworte mit Hilfe des Textes
in Übung 6 die Fragen zu Wologda.

1. Во́логда – э́то большо́й и́ли ма́ленький го́род?
2. Во́логда – э́то больша́я и́ли небольша́я река́?
3. Кафе́ в па́рке – э́то ста́рое и́ли но́вое кафе́?

Во́логда

11 Скажи́ по-ру́сски.

Sage, dass

– die Oma von Anna in Hamburg wohnt.
– Hamburg im Norden Deutschlands, an der Elbe liegt.
– es in der Stadt eine alte Universität und interessante Museen gibt.
– sich im Stadtzentrum neue und alte Restaurants, Cafés und Geschäfte befinden.

den Wohnort erfragen und benennen

Где ты живёшь?	– Я живу́ в Ко́бленце.
Где нахо́дится твой го́род (твоя́ дере́вня)?	– Краснода́р (Ряби́ново) нахо́дится на ю́ге (в це́нтре) Росси́и.

nach Eigenschaften fragen und sie benennen

Яросла́вль – э́то го́род и́ли дере́вня?	– Яросла́вль – э́то большо́й го́род.
Во́логда – больша́я река́?	– Нет, Во́логда – небольша́я река́.

Как ты живёшь?

fragen und sagen, wie man wohnt

1 Здесь я живу́.

Höre, wie Nastja ihre Wohnung beschreibt. Vergleiche mit dem Grundriss. Welche Räume nennt sie nicht?

На́стя: А́нника, вот э́то **наш** ста́рый дом. Он нахо́дится в це́нтре го́рода. Здесь я живу́ с ма́мой и па́пой.
А́нника: **Ваш** дом ста́рый, но о́чень краси́вый. А где ва́ша кварти́ра?
На́стя: Вот здесь. Э́то наш балко́н.
А́нника: У вас больша́я **кварти́ра**?
На́стя: Нет, **к сожале́нию**. У нас ма́ленькая кварти́ра, но она́ **ую́тная**. В кварти́ре две **ко́мнаты**, ма́ленькая **ку́хня**, **ва́нная** и туале́т.
А́нника: Э́то ва́ша **со́бственная** кварти́ра?
На́стя: Нет. …

Кварти́ра На́сти

А – ку́хня, Б – ва́нная, В – туале́т, Г – коридо́р, Д – **гости́ная**, Е – **спа́льня,** (**де́тская**)

2 Как живёт На́стя?

Lies den Dialog in Übung 1 noch einmal. Beantworte die Fragen.

1. Где нахо́дится дом На́сти?
2. У На́сти больша́я и́ли ма́ленькая кварти́ра?
3. С кем она́ живёт?
4. В кварти́ре На́сти есть балко́н?

3 Ско́лько ко́мнат в кварти́ре На́сти?

Wähle die richtige Antwort aus.

В кварти́ре На́сти
- одна́ ко́мната.
- две (три, четы́ре) ко́мнаты.
- пять (шесть, семь) ко́мнат.

4 Где живу́т На́стя и Оле́г?

Lies den Satz und übersetze ihn.
Die Illustration hilft dir bei der korrekten deutschen Wiedergabe.

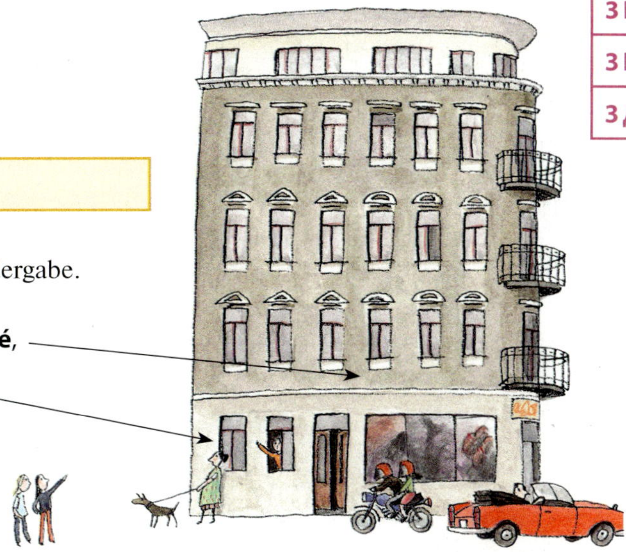

На́стя живёт **на второ́м этаже́**,
а Оле́г на **пе́рвом**.

! Aufgepasst! In Russland zählt das Erdgeschoss bereits mit.

5 Э́то ваш дом?

↗ G 7, 27

Fragt und antwortet nach dem Muster.
Verwendet auch andere Substantive und Possessivpronomen.

M – Э́то ваш дом?
– Да, наш. (Нет, не наш. А вот наш дом.)

балко́н		эта́ж
	наш – ваш	
класс		гара́ж

	люби́мое ме́сто	
	на́ше – ва́ше	
ра́дио		о́зеро

кварти́ра		у́лица
	на́ша – ва́ша	
маши́на		шко́ла

ко́шки		соба́ки
	на́ши – ва́ши	
журна́лы		кни́ги

6 На́ша кварти́ра (наш дом)

↗ L 4

a) Suche die folgenden Wörter im alphabetischen Wörterverzeichnis.
Wie gehst du dabei vor?

прихо́жая, столо́вая, кабине́т, терра́са, черда́к, подва́л, ле́стница

b) Zeichne den Grundriss eurer Wohnung und beschrifte die Zimmer.
Erkläre deine Skizze.

M Вот на́ша кварти́ра. У нас две (три, четы́ре) ко́мнаты. Вот э́то моя́ ко́мната, а э́то …

7 Что есть у На́сти в кварти́ре?

Finde die deutschen Entsprechungen.

В коридо́ре: **дверь**, зе́ркало, **шкаф**, ла́мпа, телефо́н

В ку́хне: стол, стул – сту́лья, шкаф, **холоди́льник**, электроплита́

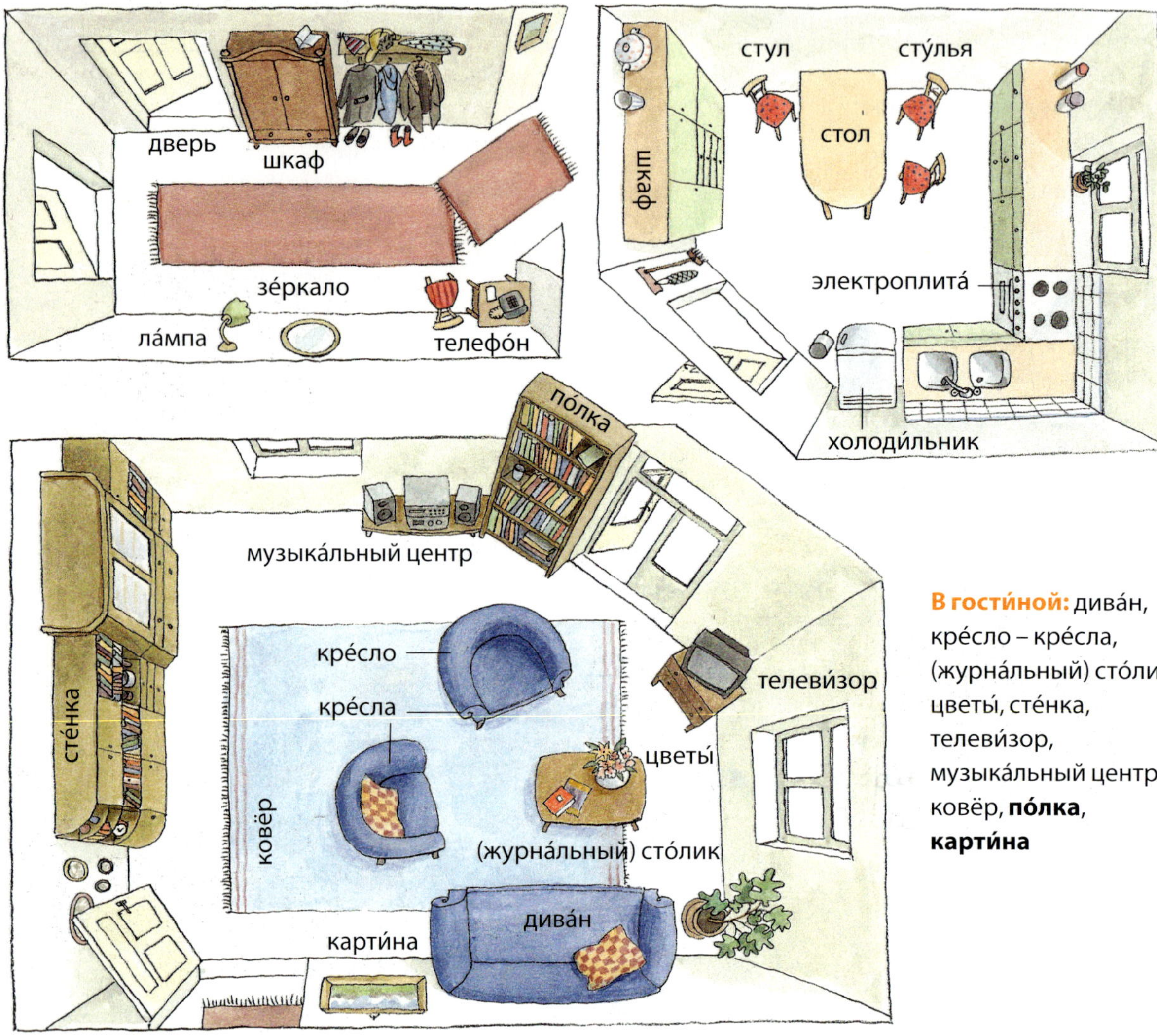

В гости́ной: дива́н, кре́сло – кре́сла, (журна́льный) сто́лик, цветы́, сте́нка, телеви́зор, музыка́льный центр, ковёр, **по́лка**, **карти́на**

8 Что есть у вас в кварти́ре (в до́ме)?

Vergleiche die Einrichtung eurer Wohnung (eures Hauses) mit der in Übung 7. Was möchtest du ergänzen? Nutze die unten angegebene Zusatzlexik.

M А у нас в ку́хне есть ещё посудомо́йка и микроволно́вка.
В гости́ной стоя́т большо́й стол и сту́лья.

микроволно́вка (Mikrowelle), посудомо́йка (Geschirrspüler),
стира́льная маши́на (Waschmaschine), га́зовая плита́ (Gasherd), табуре́т(ка) (Hocker),
го́рка (Anbauwand), дива́н-крова́ть (Schlafcouch), куше́тка (Liege)

9 Сравни́ и запо́мни. ↗G 12

Finde heraus, wann **есть** weggelassen wird?

– У вас в кварти́ре есть балко́н?
– Да, есть.
Нет, к сожале́нию, (у нас) нет (балко́на).
– У тебя́ в ко́мнате есть телеви́зор?
– Да, есть.
Нет, к сожале́нию, (у меня́ в ко́мнате) нет (телеви́зора).

– У вас в кварти́ре большо́й балко́н?
– Да, (у нас) большо́й (балко́н).
Нет, к сожале́нию, у нас ма́ленький балко́н.
– У тебя́ в ко́мнате большо́й телеви́зор?
– Да, (у меня́ в ко́мнате) большо́й (телеви́зор).
Нет, к сожале́нию, (у меня́ в ко́мнате) ма́ленький телеви́зор.

10 Моя́ ко́мната

a) Befragt euch gegenseitig, wie eure Zimmer aussehen.

1. У тебя́ больша́я и́ли ма́ленькая ко́мната?
2. У тебя́ в ко́мнате есть по́стеры?
3. У тебя́ в ко́мнате есть **пи́сьменный** и́ли **компью́терный** стол?
4. Что ещё есть у тебя́ в ко́мнате?
5. У тебя́ ую́тная ко́мната?

сте́реоаппарату́ра

DVD- пле́ер

пи́сьменный стол

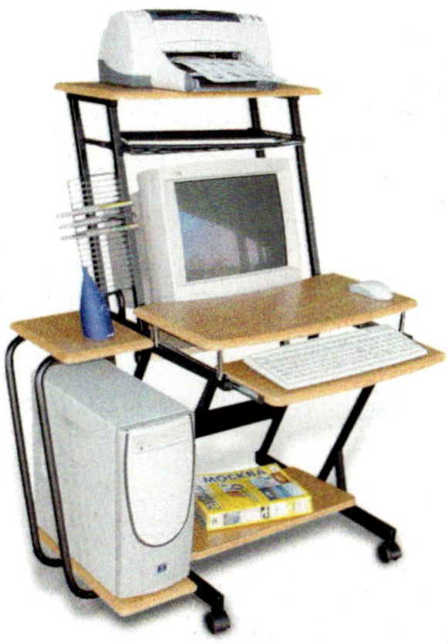

компью́терный стол

дома́шний кинотеа́тр

b) Gestalte eine Collage zu deinem Traumzimmer. Beschrifte die Gegenstände auf Russisch.

fragen und sagen, wie man wohnt

– У вас больша́я кварти́ра (большо́й дом)?
– У нас, к сожале́нию, ма́ленькая кварти́ра.
– У нас (не)большо́й дом.
– Э́то ваш со́бственный дом (ва́ша со́бственная кварти́ра)?
– Да, э́то наш со́бственный дом. (К сожале́нию, нет.)
– Ско́лько ко́мнат у вас в кварти́ре (в до́ме)?
– У нас две ко́мнаты. (В до́ме пять ко́мнат.)
– Что есть у тебя́ в ко́мнате?
– У меня́ в ко́мнате есть шкаф, пи́сьменный стол и дива́н.

Извини́те, где здесь Арба́т?

eine fremde Person ansprechen | nach dem Weg fragen und ihn erklären

1 Как дое́хать до Арба́та?

Höre zu und lies mit.
Wie können Marvin und Tabea zum Arbat gelangen?

Ма́рвин: Извини́те, пожа́луйста, как **дое́хать до** Арба́та?
Москви́чка: **Туда́ мо́жно** дое́хать **на метро́** до **ста́нции** «Арба́тская».
Москви́ч: И́ли до ста́нции «Смоле́нская».
Ма́рвин: Поня́тно. Большо́е спаси́бо.
Москви́чка: Пожа́луйста.

Арба́т

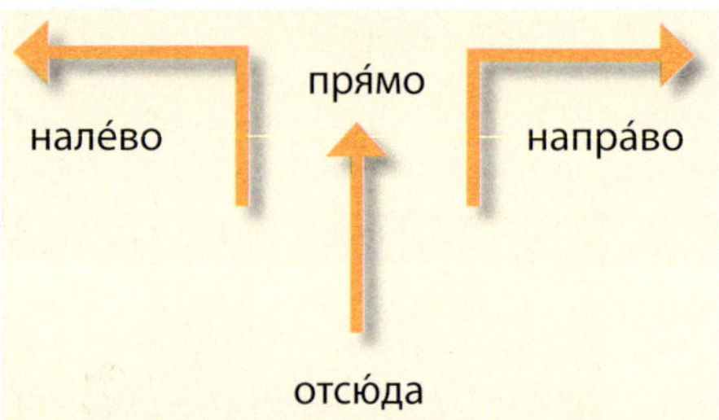

Табе́а: **Скажи́те**, пожа́луйста, где здесь Арба́т?
Москви́ч: Э́то недалеко́ **отсю́да**. Туда́ мо́жно **дойти́ пешко́м**. **Иди́те пря́мо** до магази́на, а пото́м **нале́во**. А там уже́ Арба́т.
Табе́а: Спаси́бо.
Москви́ч: Не́ за что.

2 Сравни́. E D

Worin unterscheiden sich die höflichen Fragen an einen Unbekannten im Russischen und Deutschen? Wie sieht das im Englischen aus?

- Entschuldige bitte, wo ist hier eine Toilette?
- Entschuldigen Sie bitte, wo ist hier eine Toilette?

- Извини́, пожа́луйста, где здесь туале́т?
- Извини́те, пожа́луйста, где здесь туале́т?

3 Скажи́те, пожа́луйста, где здесь ГУМ?

Stell dir vor, du bist in Moskau. Frage die abgebildeten Moskauer, wo sich die Sehenswürdigkeiten auf den Fotos befinden.

M Скажи́те, пожа́луйста, где здесь ГУМ?

Кремль

ГУМ

Большо́й теа́тр

Третьяко́вская галере́я

4 Как дое́хать до телеба́шни?

↗ G 28

Fragt, wie man zu einem bestimmten Ort in Moskau gelangen kann. Antwortet mit Verweis auf eine Metro-Station, die sich in der Nähe befindet.

Телеба́шня «Оста́нкино»

M
Ли́за: Извини́те, как дое́хать до **телеба́шни**?
Москви́ч: Мо́жно на метро́ до ста́нции «Ботани́ческий сад».
Ли́за: (Большо́е) спаси́бо.
Москви́ч: Не́ за что.

1. Парк культу́ры – «Парк культу́ры»
2. зоопа́рк – «Баррика́дная»
3. цирк – «Цветно́й бульва́р»
4. гости́ница «Ко́смос» – «ВДНХ»

! Zu **дое́хать** gehört unbedingt **до** *mit Gen*.

5 Говори́ пра́вильно.

Achte auf die Aussprache des unbetonten **о** in der Präposition **до** und die Endungen der Substantive.

теа́тр – до теа́тра
собо́р – до собо́ра
парк – до па́рка
цирк – до ци́рка

у́лица Ми́ра – до у́лицы Ми́ра
апте́ка – до апте́ки
Третьяко́вка – до Третьяко́вки
ста́нция »Арба́тская« – до ста́нции «Арба́тская»

6 Извини́те, как дое́хать до ци́рка?

a) Sagt, wie man zum Zirkus gelangen kann.
Achtet auf die Endung des Verkehrsmittels.

Маршру́тка (маршру́тное такси́) ist ein Kleinbus-Sammeltaxi im Linienverkehr.
Es ist besonders auf längeren Distanzen viel schneller als die öffentlichen Verkehrsmittel.

M Туда́ мо́жно (до)е́хать на авто́бусе.

(до)е́хать →
на метро́
на авто́бусе
на **маршру́тке**
на **трамва́е**
на такси́
на маши́не
на **тролле́йбусе**

b) Fragt und sagt, wie (mit welchen Verkehrsmitteln) man zu anderen Moskauer Sehenswürdigkeiten, gelangen kann. Nutzt die Ortsangaben in den Übungen 3 und 4.

M *Фе́ликс:* Скажи́те, пожа́луйста, как дое́хать до зоопа́рка?
Москви́чка: (Мо́жно) на тролле́йбусе и́ли на трамва́е.

7 Как дойти́ до апте́ки?

Fragt euch gegenseitig, wie man zu bestimmten Orten (zu Fuß) gelangen kann.

M *Ри́та:* Ска́жите, пожа́луйста, как дойти́ до апте́ки?
Москви́ч: Э́то недалеко́ отсю́да. Иди́те до ба́нка, а пото́м нале́во (напра́во).

апте́ка, банк, библиоте́ка, кинотеа́тр, магази́н, метро́, по́чта, **суперма́ркет**, собо́р, шко́ла

8 Извини́те, пожа́луйста, где нахо́дится магази́н «Кни́ги»?

Gestaltet Gespräche, in denen ihr nach dem Weg fragt und ihn mit Hilfe der Karte beschreibt.

M *А:* Извини́те, пожа́луйста, где нахо́дится магази́н «Кни́ги»?
Б: Магази́н «Кни́ги» нахо́дится на у́лице Пу́шкина. Э́то недалеко́ отсю́да.
А: Туда́ мо́жно дойти́ пешко́м?
Б: Да, коне́чно. Иди́те пря́мо до у́лицы Пу́шкина, а пото́м напра́во.
А: Спаси́бо.
Б: Не́ за что.

1 у́лица Пу́шкина, 2 **проспе́кт** Ми́ра, 3 **остано́вка** авто́буса, 4 **стоя́нка** такси́, 5 **вокза́л**, 6 гости́ница, 7 рестора́н, 8 бассе́йн, 9 по́чта, 10 кинотеа́тр, 11 теа́тр, 12 банк, 13 апте́ка

eine fremde Person ansprechen
Изви́ни(те), пожа́луйста, ...
Скажи́(те), пожа́луйста, ...

nach dem Weg fragen und ihn erklären	
Как дое́хать до зоопа́рка?	– На метро́ до ста́нции «Баррика́дная».
Как дойти́ до теа́тра?	– Иди́(те) пря́мо, а пото́м нале́во.
Где здесь метро́?	– Иди́(те) пря́мо до ба́нка, а пото́м напра́во.
	– Э́то недалеко́ отсю́да. Ста́нция метро́ там.
	– Туда́ мо́жно дойти́ пешко́м.

Ско́лько сто́ит э́та матрёшка?

den Preis erfragen und benennen | sagen, was man kaufen (nehmen) möchte | Gefallen und Missfallen ausdrücken

1 Ско́лько э́то сто́ит?

a) Höre, wie viel die Souvenirs kosten. Was kauft Anne?

В магази́не «Сувени́ры»

А́нне: Здра́вствуйте!
Продавщи́ца: Здра́вствуйте!
А́нне: **Покажи́те**, пожа́луйста, вот **э́ту матрёшку**.
Продавщи́ца: Вот э́ту?
А́нне: Да, э́ту.
Продавщи́ца: Вот, пожа́луйста.
А́нне: Ско́лько она́ **сто́ит**?
Продавщи́ца: Со́рок семь **рубле́й**.
А́нне: А ско́лько сто́ит вот э́то **кольцо́**?
Продавщи́ца: Пятьдеся́т три рубля́. Оно́ о́чень краси́вое.
А́нне: Да, оно́ мне то́же **нра́вится**. Я **беру́** кольцо́ и матрёшку.
Продавщи́ца: Сто рубле́й, пожа́луйста.
А́нне: Пожа́луйста. Спаси́бо. До свида́ния.
Продавщи́ца: До свида́ния.

b) Höre, was Kai kauft und wie viel Rubel er dafür zahlt?

У кио́ска

Кай: Да́йте, пожа́луйста, фа́нту.
Продаве́ц: Пожа́луйста, два́дцать два рубля́.
Кай: И ещё вот э́то **моро́женое**.
Продаве́ц: Вот э́то?
Кай: Да, э́то.
Продаве́ц: Пожа́луйста, со́рок рубле́й.

моро́женое

2 Сувени́ры

a) Sammelt Informationen zu typischen russischen Souvenirs (**ру́сские** сувени́ры) und erstellt eine Infomappe. Nutzt dazu das Internet und andere Medien.

b) Ihr besucht eine Partnerschule in Russland und wohnt dort in Gastfamilien. Welche deutschen Souvenirs (**неме́цкие** сувени́ры) würdet ihr als Geschenk mitnehmen?

плато́к

3 Говори́ пра́вильно.

Achte darauf, dass *-тся* als [*ца*] ausgesprochen wird.

– Тебе́ нра́вится спорт? – Да, мне нра́вится спорт.
– Тебе́ нра́вится му́зыка? – Да, о́чень нра́вится.
– Тебе́ нра́вится фэ́нтези? – Нет, не нра́вится.
– Тебе́ нра́вятся ша́хматы? – Нет, мне не нра́вятся ша́хматы.

4 Тебе́ нра́вится э́тот подно́с?

↗ G 29

Fragt und sagt, welche Souvenirs euch gefallen bzw. nicht gefallen. Nutzt die Fotos auf dieser Seite.

– Тебе́ нра́вится э́тот **подно́с**?
– Да, он мне нра́вится.

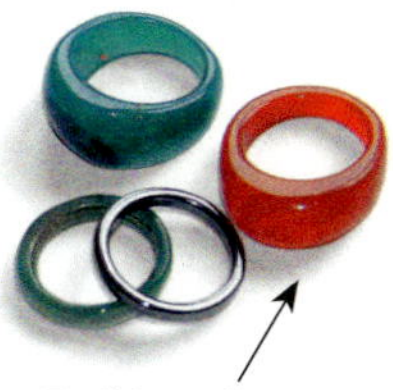

– Тебе́ нра́вится э́то кольцо́?
– Нет, оно́ мне не нра́вится.

– Тебе́ нра́вится э́та **шкату́лка**?
– Да, она́ мне нра́вится.

– Тебе́ нра́вятся э́ти **кли́псы**?
– Нет, они́ мне не нра́вятся.

5 Прочита́й, переведи́ и сравни́.

↗ G 30

Lies die Sätze und übersetze sie. Achte auf die unterstrichenen Wörter.

– Покажи́те, пожа́луйста, вот э́тот **календа́рь**.
– Да́йте, пожа́луйста, вот э́то кольцо́.
– Я беру́ э́ту **ша́пку**.
– Я беру́ э́ти **откры́тки**.

6 Покажи́те, пожа́луйста, вот э́тот плато́к.

a) Lest die Dialoge und achtet auf den Gebrauch der Demonstrativpronomen.

1)

А́ня:	Покажи́те, пожа́луйста, вот это́т плато́к.
Продавщи́ца:	Вот э́тот?
А́ня:	Да, э́тот.
Продавщи́ца:	Пожа́луйста, он о́чень краси́вый.
А́ня:	Он мне то́же нра́вится.

2)

Марк:	Да́йте, пожа́луйста, вот э́то моро́женое.
Продавщи́ца:	Вот э́то?
Марк:	Да, э́то. Спаси́бо.

3)

Том:	Покажи́те, пожа́луйста, вот э́ту матрёшку.
Продаве́ц:	Вот э́ту?
Том:	Да, э́ту.
Продаве́ц:	Она́ о́чень краси́вая.
Том:	Я беру́ э́ту матрёшку.

4)

За́ра:	Да́йте, пожалуйста, вот э́ти откры́тки.
Продаве́ц:	Вот э́ти?
За́ра:	Нет, вот э́ти.
Продаве́ц:	Пожа́луйста.
За́ра:	Я беру́ э́ти откры́тки.

b) Spielt ähnliche Verkaufsgespräche. Verwendet andere Souvenirs, Speisen und Getränke.

вода́ | самова́р | шокола́д | ша́пка | кольцо́ | конфе́ты | календа́рь | шкату́лка | подно́с

7 Де́ньги в Росси́и и в Герма́нии

a) Lies die Aufschriften auf dem russischen Hart- und Papiergeld.
Achte auf die Endungen der Währungsangaben.

Die russische Währung heißt **рубль** und **копе́йка**. Рубль ist ein männliches Substantiv, **е́вро** auch.

b) Was fällt dir bei den Euro-Angaben auf?
Wie lässt sich die Aufzählung der Cent-Münzen fortsetzen?

оди́н **е́вро**, два е́вро, пять е́вро, де́сять е́вро, два́дцать е́вро
оди́н **цент**, два це́нта, пять це́нтов

8 Ско́лько сто́ит (сто́ят) …?

Fragt und sagt, wie viel die Getränke und das Essen in Russland kosten.
Nennt die entsprechenden aktuellen Euro-Preise.

M Ско́лько сто́ит фа́нта?
Два́дцать два рубля́.

M – Ско́лько сто́ят э́ти конфе́ты?
– Девяно́сто пять рубле́й.

9 В магази́не «Сувени́ры»

↗ L 9

a) Überlegt, wie ihr folgende Wendungen auf Deutsch anders ausdrücken könnt.

Grüß Gott! | ich suche eine Lackdose | hübsch | woher kommen die Schatullen

b) Übernehmt die Rolle der Dolmetscher.

Tourist: Grüß Gott! Ich suche eine hübsche russische Lackdose.
Продавщи́ца: Здра́вствуйте! Коне́чно, есть. Вот, пожа́луйста, шкату́лки из Па́леха.
Tourist: Woher kommen die Schatullen?
Продавщи́ца: Из Па́леха. Па́лех – э́то ма́ленькая дере́вня недалеко́ от Москвы́.
Tourist: Aha! Zeigen Sie mir doch bitte diese da.
Продавщи́ца: Вот э́ту?
Tourist: Ja, diese.
Продавщи́ца: Вот, пожа́луйста. Она́ о́чень краси́вая.
Tourist: Ja, mir gefällt sie auch. Was kostet sie?
Продавщи́ца: Э́та шкату́лка сто́ит 92 рубля́.
Tourist: 92 Rubel? Das ist okay. Ich nehme sie. Hier bitte!
Продавщи́ца: Спаси́бо. Пожа́луйста. До свида́ния.

den Preis erfragen und benennen	
Скажи́те, пожа́луйста, ско́лько сто́ит э́тот подно́с? Ско́лько сто́ят э́ти откры́тки?	– Девяно́сто оди́н рубль пятьдеся́т копе́ек. – Три́дцать два рубля́.
sagen, was man kaufen (nehmen) möchte	
Я беру́ э́тот плато́к (э́то кольцо́, э́ту ша́пку, э́ти кли́псы).	
Gefallen und Missfallen ausdrücken	
Тебе́ нра́вится э́та шкату́лка? Тебе́ нра́вятся э́ти сувени́ры?	– Да, (о́чень) нра́вится. (Нет, она́ мне не нра́вится.) – Да, они́ мне нра́вятся.

Э́то я ужé умéю.

1 Расскажи́ о себé.

Nutze als Hilfe eine Mindmap.

Э́то я.
(и́мя, фами́лия,
12 лет)

моя́ семья́

мои́ друзья́

я живу́

я люблю́

2 Наш роднóй (люби́мый) гóрод

Stellt eure Heimat- oder Lieblingsstadt vor. Nutzt das Muster. Verwendet Fotos, Poster und Videos und sprecht dazu.

M Грáйфсвальд – э́то наш роднóй гóрод.
Мы в цéнтре гóрода. Э́то ры́ночная[1] плóщадь. Вот здесь рáтуша[2]. Недалекó от рáтуши собóр. Он óчень краси́вый. А вот здесь пóчта. А вот нáши цéркви[3]. Они́ стáрые и óчень краси́вые.
А вот э́то центрáльная у́лица гóрода – Lange Straße. Здесь есть бáнки, рестoрáны, кафé и, конéчно, магази́ны. Недалекó отсю́да нахóдится вокзáл. До вокзáла мóжно дойти́ пешкóм и́ли доéхать на автóбусе. Недалекó от вокзáла – нáша шкóла.
А э́то Вик. Вик – стáрый рыбáцкий посёлок[4]. Э́то нáше люби́мое мéсто. Здесь мы любим катáться на рóликах.
Большóе спаси́бо за внимáние[5]!

Грáйфсвальд

1 Markt 2 Rathaus 3 Kirchen 4 Fischerdorf 5 Vielen Dank für die Aufmerksamkeit!

3 В Росси́и

Spielt folgende Situationen in den Rollen von Touristen und Passanten bzw. Verkäufern.

a) sich nach dem Weg zum Hotel (Park, Theater, Stadion usw.) erkundigen
b) ein Souvenir in einem russischen Souvenirladen kaufen
c) Getränke, Eis und andere Speisen am Kiosk kaufen

Э́то интере́сно.

1 Как написа́ть а́дрес по-ру́сски? D

a) Sieh dir an, wie ein Briefumschlag in Russland beschriftet wird. Wie unterscheiden sich die Angaben von Empfänger und Absender auf Briefen in Deutschland und Russland?

b) Für welche Wörter stehen die verwendeten Abkürzungen? **г.** **ул.** **д.** **кв.**

2 Как по-неме́цки «почто́вый а́дрес»?

Die folgenden Wörter kannst du ohne Wörterbuch verstehen. Wie findest du schnell ihre Bedeutung?

M <u>почт</u>о́вый а́дрес → <u>по́чта</u> → электро́нный а́дрес

почто́вая ма́рка, почто́вый и́ндекс, электро́нная по́чта,
городска́я библиоте́ка, центра́льный стадио́н, музыка́льная шко́ла,
Истори́ческий музе́й, Театра́льная пло́щадь,
га́зовая плита́, кни́жный шкаф, пла́зменный телеви́зор
шокола́дное моро́женое, фрукто́вое моро́женое

Для экспе́ртов

1 На како́м этаже́ живёт На́стя?

Beantworte die Frage auch für die genannten Personen.

И́ра – пя́тый эта́ж, Вади́м – деся́тый эта́ж,
Изабе́ль – тре́тий эта́ж, Ю́лиан – седьмо́й эта́ж.
А на како́м этаже́ ты живёшь?

2 Э́то мо́жно услы́шать в метро́.

Erklärt die Lautsprecheransagen euren Mitschülern.

- Осторо́жно, две́ри закрыва́ются!
- Сле́дующая ста́нция «Парк культу́ры».
- Ста́нция «Парк культу́ры». Перехо́д на кольцеву́ю ли́нию.
- Сто́йте спра́ва! Проходи́те сле́ва! По́езд сле́дует до ста́нции «Проспе́кт Верна́дского».
- Ста́нция «Ю́го-за́падная» – коне́чная.
- По́езд да́льше не идёт. Про́сьба освободи́ть ваго́ны.
- При вы́ходе из ваго́на не забыва́йте свои́ ве́щи!

3 Пе́сенка о моско́вском метро́

Hört das „Liedchen von der Metro".

Мне в моём метро́ никогда́ не те́сно,
In meiner Metro wird es niemals eng,
потому́ что с де́тства оно́, как пе́сня,
weil seit der Kinderzeit
ich an das Liedchen denk,
где вме́сто припе́ва, вме́сто припе́ва:
in dem es statt des Kehrreims heißt:
– Сто́йте спра́ва! Проходи́те сле́ва!
„Rechts wird gestanden,
links geht's vorbei!"

Поря́док ве́чен, поря́док свят.
Die Ordnung ist ewig,
ein heiliges Schild:
Те, что спра́ва, стоя́т, стоя́т.
die rechts stehen – stehn.
Но те, что иду́т, всегда́ должны́
Wer weitergehn will,
dem ist es beschieden:
Komm zu dem Schluss,
держа́ться ле́вой стороны́.
wer weitergehn will,
sich links halten muss!

Б. Окуджа́ва, 1968, übersetzt von Eric Boerner

Два́жды два – четы́ре

Слова́: М. Пляцко́вский
Му́зыка: В. Шаи́нский

Припе́в:
Два́жды два – четы́ре,
Два́жды два – четы́ре,
Э́то всем изве́стно в це́лом ми́ре,
Два́жды два – четы́ре,
Два́жды два – четы́ре,
Э́то всем изве́стно в це́лом ми́ре!

Два́жды два – четы́ре,
Два́жды два – четы́ре,
А не три, а не пять – э́то на́до знать!
Два́жды два – четы́ре,
Два́жды два – четы́ре,
А не шесть, а не семь – э́то я́сно всем!

1 Три́жды три наве́ки – де́вять,
Ни́чего тут не поде́лать!
И нетру́дно сосчита́ть,
Ско́лько бу́дет пя́тью пять!
Пя́тью пять – два́дцать пять!
Пя́тью пять – два́дцать пять!
Соверше́нно ве́рно!

Припе́в

2 У кого́, друзья́, не спро́сим,
Ше́стью во́семь – со́рок во́семь!
Ше́стью шесть – прошу́ учесть,
Неизме́нно три́дцать шесть!
Ше́стью шесть – три́дцать шесть!
Ше́стью шесть – три́дцать шесть!
Соверше́нно ве́рно!

Припе́в

Анто́шка

Слова́: Ю. Э́нтин
Му́зыка: В. Шаи́нский

1 Анто́шка, Анто́шка,
Пойдём копа́ть карто́шку.
Анто́шка, Анто́шка,
Пойдём копа́ть карто́шку.

Припе́в:
Ди́ли-ди́ли,
Тра́ли-ва́ли,
Э́то мы не проходи́ли,
Э́то нам не задава́ли!
Ди́ли-ди́ли,
Тра́ли-ва́ли,
Э́то мы не проходи́ли,
Э́то нам не задава́ли!
Тара́м, пам, пам,
Тара́м, пам, пам.

2 Анто́шка, Анто́шка,
Сыгра́й нам на гармо́шке.
Анто́шка, Анто́шка,
Сыгра́й нам на гармо́шке.

Припе́в

3 Анто́шка, Анто́шка,
Гото́вь к обе́ду ло́жку.
Анто́шка, Анто́шка,
Гото́вь к обе́ду ло́жку.

Припе́в:
Ди́ли-ди́ли,
Тра́ли-ва́ли,
Э́то, бра́тцы, мне по си́ле!
Откажу́сь тепе́рь едва́ ли!
Ди́ли-ди́ли,
Тра́ли-ва́ли,
Э́то, бра́тцы, мне по си́ле!
Откажу́сь тепе́рь едва́ ли!
Ди́ли-ди́ли,
Ди́ли-ди́ли,

Тра́ли-ва́ли,

Тра́ли-ва́ли,
Пара́м, пам, пам,
Пара́м, пам, пам,
Пара́м, пам, пам.

А́збука

Слова́: З. Петро́ва
Му́зыка: А. Остро́вский

1 Е́сли хо́чешь мно́го знать,
Мно́гого доби́ться,
Обяза́тельно чита́ть
До́лжен научи́ться.

Припе́в:
А́збука, а́збука
Ка́ждому нужна́,
Нам помо́жет кни́жки
Прочита́ть она́!

2 На́до бу́квы написа́ть
Аккура́тно в стро́чку,
На́до их запо́минать
Без оши́бок, то́чно.

Припе́в

3 Кни́жки мо́гут рассказа́ть
О́бо всём на све́те.
О́чень лю́бят их чита́ть
Взро́слые и де́ти.

Припе́в

4 А бэ вэ гэ дэ е ё жэ зэ и (й) ка эл эм
эн о пэ эр эс тэ у эф ха цэ че ша ща
мягкий знак (ы) твёрдый знак э ю я
А́збука, а́збука
Ка́ждому нужна́!

Е́сли хо́чешь мно́го знать,
Мно́гого доби́ться,
Обяза́тельно чита́ть
До́лжен научи́ться.

Припе́в:
А́збука, а́збука
Ка́ждому ну́жна,
Нам поможе́т кни́жки
Прочита́ть она́! – Да!

Hier findest du nach Lektionen und Abschnitten gegliedert alle Vokabeln des Lehrbuchs. Die Wörter sind in der Reihenfolge ihres Auftretens angegeben. Wörter eines Abschnitts, die thematisch zusammengehören, werden jedoch nacheinander aufgeführt. So kannst du dir die Wörter schneller einprägen. Auch die Verweise auf bekannte englische Wörter helfen dir beim Lernen. Dieses Wörterverzeichnis enthält auch Merkhilfen. Sie machen dich auf Besonderheiten beim Gebrauch der russischen Sprache aufmerksam.
Wörter, die nicht durch Fettdruck hervorgehoben sind, gehören nicht zum Lernwortschatz. Du musst sie also nicht lernen, aber du darfst natürlich.

Bei einigen Abschnitten findest du am Ende eine Wortschatztruhe. Diese enthält Wörter, Wendungen und Eigennamen, die ganz einfach sind. Aufpassen musst du bei der Aussprache dieser Wörter und natürlich beim Schreiben.
Am Ende der Lektionswörterverzeichnisses findest du noch eine **Übersicht aller Vor- und Familiennamen sowie der geografischen Namen** (Länder, Städte, Dörfer, Seen, Flüsse), die im Lehrbuch verwendet werden.

- **A** Aussprachebesonderheit
- ↔ Vergleiche
- **E** Verweis auf Englisch
- **F** Verweis auf Französisch
- **!** Aufgepasst!

Beim Lernen neuer Wörter helfen dir die Lerntipps 1, 4 und 5.

Уро́к Старт: Росси́я

C 1	**алфави́т**	Alphabet	**E** alphabet
	ма́ма	Mama, Mutti	**E** mummy, mum
	кака́о	Kakao	**E** cocoa
	кот	Kater	**E** cat
	авто́бус	(Auto-)Bus	**E** bus
	па́па *m.*	Papa, Vati	
	парк	Park	
	Москва́	Moskau	Moskau: Hauptstadt der Russischen Föderation, 10,5 Mio. Einwohner
	самова́р	Samowar	

анана́с, бана́н, банк, банкома́т, ка́ктус, ка́сса, о́пера, старт, такт, (те́кст)ма́ркер, те́ма

C 2	**я**	ich	Я Бори́с.
	Незна́йка	Nesnaika	
	Приве́т!	Grüß dich! Hallo!	Приве́т, Ла́ра!
	а	und, aber	
	э́то	das (ist, sind)	Э́то Бори́с, а э́то Ди́ма.
	и	und	Э́то А́лла и Макси́м.
	не	nicht	Э́то не Ла́ра.
	вот	da (ist, sind)	Вот Ива́н и Степа́н.
	кто?	wer?	Кто э́то? – Э́то Све́та.
	да	ja	
	нет	nein	
	Здра́вствуй! **A** здра́[с]твуй	Guten Tag!	Begrüßung von Personen, die man gut kennt und duzt, unabhängig von der Tageszeit.
	До свида́ния!	Auf Wiedersehen!	До свида́ния, Ди́ма!
	Пока́! *ugs.*	Mach's gut! Bis später! Tschüss.	Пока́, А́лла!

C 3	**ба́бушка**	Oma, Großmutter	
	Здра́вствуйте! **A** здра́[с]твуйте		Begrüßung von mehreren Personen und Personen, die man siezt, unabhängig von der Tageszeit.
	ты	du	Кто ты?
	как?	wie?	
	Как тебя́ зову́т?	Wie heißt du?	
	Меня́ зову́т …	Ich heiße … *wörtlich:* man nennt mich	Меня́ зову́т Са́ша.
	Я **не по́нял(á).**	Ich habe nicht (richtig) verstanden.	Ю́ра: Я не по́нял. Ю́ля: Я не поняла́.
	фами́лия	Familien-, Zu-, Nachname	**!** Nicht verwechseln mit Familie oder family!
	твоя́ фами́лия	dein Familienname	Как твоя́ фами́лия?
	моя́ фами́лия	mein Familienname	Моя́ фами́лия – Шта́йнер.

апте́ка, бар, бюро́, литерату́ра, лифт, кио́ск, маши́на, рестора́н, телефо́н, те́хника, факт, шеф, э́кспорт

C 4

де́душка *m.*	Opa, Großvater	Russische Kinder rufen ihren Opi liebevoll *деду́ля*. Zur Omi sagen sie *бабу́ля* oder *бабу́ся*.
ско́лько?	wie viel?	
Ско́лько тебе́ лет?	Wie alt bist du?	
Мне … лет.	Ich bin … Jahre alt.	
уже́	schon, bereits	Мне уже́ 11 лет.
то́же	auch	Мне 12 лет. – Мне то́же.

ноль	0	**пять**	5
оди́н	1	**шесть**	6
два	2 **E** two	**семь**	7
три	3 **E** three	**во́семь**	8
четы́ре	4	**де́вять**	9
		де́сять	10

плюс	plus	**E** plus; четы́ре плюс пять
ми́нус	minus	**E** minus; во́семь ми́нус три
Ско́лько бу́дет …?	Wie viel sind …?	Ско́лько бу́дет шесть плюс три?
гита́ра	Gitarre	**E** guitar
журна́л	Zeitschrift	**E** journal

оди́ннадцать	11	**шестна́дцать**	16
двена́дцать	12	**семна́дцать**	17
трина́дцать	13	**восемна́дцать**	18
четы́рнадцать	14	**девятна́дцать**	19
пятна́дцать	15		

! Die Bildung der zusammengesetzten Zahlwörter entspricht dem Deutschen und Englischen. Vergleiche: drei<u>zehn</u>, vier<u>zehn</u>, thir<u>teen</u>, four<u>teen</u>. Das Russische ist hier logischer und beginnt damit bereits ab 11. Aufpassen musst du allerdings bei 12 (*два – две*).

ёж	Igel	
ёлка	Fichte, Tanne, Neujahrstanne, Weihnachtsbaum	
щи nur *Pl.*	Schtschi (*Weißkohlsuppe*)	
щётка	Bürste	

гло́бус, жалюзи́, матрёшка, объе́кт, субъе́кт, хо́бби, центр, цирк, чемпио́н

C 5

Герма́ния	Deutschland	
Росси́я	Russland	
отку́да?	woher?	
из Герма́нии	aus Deutschland	Я из Герма́нии.
из Росси́и	aus Russland	Я из Росси́и.
я **говорю́**	ich spreche	
ты **говори́шь**	du sprichst	
по-ру́сски	russisch, auf Russisch	Ты говори́шь по-ру́сски?
по-неме́цки	deutsch, auf Deutsch	Я говорю́ по-неме́цки.
по-англи́йски	englisch, auf Englisch	
немно́го	etwas, ein wenig	Я немно́го гово́рю по-англи́йски.
Как по-ру́сски …?	Wie heißt russisch …?	Как по-ру́сски *Kater*?
Как по-неме́цки …?	Wie heißt deutsch …?	Как по-неме́цки *двена́дцать*?

по-францу́зски, по-италья́нски, по-по́льски, по-япо́нски

C 6

я **люблю́**	ich mag, habe gern, liebe	Я люблю́ кака́о.
пи́цца	Pizza	**E** pizza
ко́ла *ugs.*	Cola	**E** cola
сала́т	Salat	**E** salad
фру́кты *Pl.*	Früchte, Obst	**E** fruits
вода́ *Akk.* **во́ду**	Wasser	**E** water
хлеб	Brot	
бу́лочки *Pl.* бу́лочка *Sg.*	Brötchen	
чай	Tee	
сок	Saft	
молоко́	Milch	
что? **A** [ш]то	was?	Что э́то?
суп	Suppe	**E** soup

ры́ба	Fisch	
мя́со	Fleisch	
торт	Torte	
варе́нье *s.*	dick eingekochte Beeren und Früchte, eine Art Konfitüre	Zum Tee als Abschluss einer Mahlzeit wird gern selbst gemachte *варе́нье* gereicht.
лимона́д	Limo(nade)	**E** lemonade
ка́ша	Kascha (Brei)	
ку́рица	Huhn, Hühnchen	
ты **лю́бишь**	du magst, hast gern, liebst	Что ты лю́бишь?
пельме́ни *Pl.*	Pelmeni (gefüllte Teigtaschen)	
блины́ *Pl.*	Plinsen (Crêpes), Eierkuchen	
борщ	Borschtsch (Suppe aus roten Rüben)	
пирожки́ *Pl.* пирожо́к *Sg.*	Piroggen	

бутербро́ды, вино́, спаге́тти, шокола́д, га́мбургер, баскетбо́л, бокс, воле́йбол, джо́ггинг, дзюдо́, спорт, стритбо́л, те́ннис, футбо́л

C 7		
класс	Klasse, Klassenraum	
в	in	Кто в кла́ссе?
учени́к	Schüler	
учени́ца	Schülerin	
ещё	noch	Что ещё в кла́ссе?
доска́	Tafel	
мел	Kreide	
телеви́зор	Fernseher	**E** television, TV (set)
стол	Tisch	
стул	Stuhl	
су́мка	Tasche	
компью́тер **A** компьют[э]р	Computer	**E** computer
кни́га	Buch	
ру́чка	Kugelschreiber, Füller	
каранда́ш	Bleistift	
тетра́дь *w.*	Heft	
рюкза́к	Rucksack	Кни́га в рюкзаке́.
ла́стик *ugs.*	Radiergummi	
флома́стер	Filzstift	
па́пка	Hefter, Ordner	
лине́йка	Lineal	
но́жницы *nur Pl.*	Schere	
дай мне *что? (was?) mit Akk.*	gib mir	Дай мне, пожа́луйста, ла́стик.
да́йте мне *что? (was?) mit Akk.*	geben Sie mir, gebt mir	Да́йте мне, пожа́луйста, кни́гу.
пожа́луйста **A** пожа́[лу]ста	bitte	*пожа́луйста* wird immer von Kommas eingeschlossen.
спаси́бо	danke	
Не́ за что. **A** Не за [ш]то.	Bitte schön. Keine Ursache.	
На, возьми́! *ugs.*	Da! Nimm. Da hast du.	

ка́рта, по́стер (**A** по́ст[э]р)

Калейдоско́п: атле́т, аква́риум, бистро́, институ́т, конце́рт, о́фис, профе́ссор, президе́нт, фи́рма

Уро́к 1: Кто э́то?

1 A		
семья́	Familie	
сестра́	Schwester	**E** sister
брат	Bruder	**E** brother
мой моя́, моё; мои́	mein(e)	мой па́па, моя́ ма́ма, моё кре́сло; мои́ роди́тели

твой твоя́, твоё; твои́	dein(e)	твой ла́стик, твоя́ ру́чка, твоё письмо́; твои́ но́жницы
Его́ зову́т … **А** е[в]о́	Er heißt … *(Man ruft, nennt ihn …)*	Э́то мой брат. Его́ зову́т Са́ша.
Её зову́т …	Sie heißt … *(Man ruft, nennt sie …)*	Э́то моя́ сестра́. Её зову́т На́стя.
письмо́	Brief	твоё письмо́
кре́сло	Sessel	
роди́тели *Pl.*	Eltern	мои́ роди́тели
тётя	Tante	моя́ тётя
дя́дя *m.*	Onkel	твой дя́дя
он	er	*я* — *мы*
она́	sie	*ты* — *вы*
оно́	es	*он, она́, оно́* — *они́*
они́	sie *(Pl.)*	
мы	wir	
вы	ihr	
друг	Freund	
подру́га	Freundin	
друзья́ *Pl.*	Freunde	твои́ друзья́
студе́нт	Student	Э́то мой брат. Он студе́нт.
студе́нтка	Studentin	Моя́ сестра́ – студе́нтка.
отве́т	Antwort	

1Б

где?	wo?	Где тури́ст?
в *mit Präp.*	in, an	*где?* → *в* — *в кла́ссе*
на *mit Präp.*	auf, an, in	*где?* → *на* — *на стадио́не*
Алло́! **А** [алё]	Hallo! *(nur beim Telefonieren)*	
университе́т	Universität	где? → в университе́те
теа́тр	Theater	в теа́тре
рестора́н	Restaurant, Gaststätte	в рестора́не
музе́й	Museum	в музе́е
библиоте́ка	Bibliothek	в библиоте́ке
спортза́л	Sporthalle, Turnhalle	в спортза́ле
зоопа́рк	Zoo, Tierpark	в зоопа́рке
магази́н	Geschäft, Laden	в магази́не
гара́ж	Garage	в гараже́
шко́ла	Schule	в шко́ле
цирк	Zirkus	в ци́рке
бассе́йн	Schwimmbad, Schwimmhalle	в бассе́йне
собо́р	Dom, Kathedrale	в собо́ре
кинотеа́тр	Filmtheater, Kino *(Gebäude)*	в кинотеа́тре
стадио́н	Stadion	на стадио́не
конце́рт	Konzert	на конце́рте
по́чта	Post, Postamt	на по́чте
дива́н	Sofa, Couch (Diwan)	на дива́не
дискоте́ка	Diskothek	Та́ня на дискоте́ке. В дискоте́ке бар.
кино́ *s., unveränd. ugs.*	1. Kino; 2. Film	Die Internationalismen *кино́, кафе́, такси́* werden nicht dekliniert. Auf die Frage *где?* ändert sich ihre Endung also nicht!
кафе́ *s., unveränd.* **А** каф[э]	Café, Kaffeehaus, Konditorei	*Где? – в кино́, в кафе́, в такси́*
такси́ *s., unveränd.*	Taxi	
о́зеро	See	В па́рке есть о́зеро.
дом *Pl.* дома́	Haus	
до́ма	zu Hause	

Э́то дом.

Бори́с до́ма.

В до́ме рестора́н.

го́род	Stadt	Э́то мой го́род.
есть	es gibt, es ist vorhanden	В го́роде есть музе́й? – Да, есть. **!** *есть* wird verwendet, um die Existenz einer Sache oder einer Person besonders hervorzuheben.

Повтори́(те), пожа́луйста. **А** пожа́[лу]ста	Wiederhole (Wiederholen Sie), bitte.	Повтори́, пожа́луйста. Я не по́нял. Повтори́те, пожа́луйста. Я не поняла́.
Ла́дно. *ugs.*	(Nun) gut! Alles klar. O.K.	
тигр, тре́нер, тури́ст, фестива́ль		

1 В

и́ли	oder	
У тебя́ есть …?	Hast du …?	У тебя́ есть брат и́ли сестра́?
у меня́ … **у нас, у вас**	ich habe … wir haben, ihr habt	У меня́ одна́ сестра́. У нас до́ма есть ко́шка.
у кого́? *mit Gen.* **А** к[ав]о́	jmd. hat etwas oder jmdn.	У кого́ есть компью́тер?
нет *кого́? чего́? mit Gen.*	es gibt nicht; kein(e) haben; etwas oder jmd. ist nicht (da)	У меня́ нет бра́та.
то́лько	nur	У меня́ то́лько оди́н брат.
пле́ер **А** ([эм-пэ-три́]) пл[э]ер	(MP3-)Player	У меня́ нет пле́ера.
ра́дио *s., unveränd.*	Radio	У тебя́ нет ра́дио?
моби́льник *ugs.*	Handy	
мышь *w.*	Maus	У тебя́ нет мы́ши?
ко́шка	Katze	
соба́ка	Hund	
попуга́й	Papagei	
кро́лик	Kaninchen	
черепа́ха	Schildkröte	
хомя́к	Hamster	
канаре́йка	Kanarienvogel	
маши́на *ugs.*	Auto	
Вот э́то да! *ugs.*	Alle Achtung! *(als Ausdruck von Erstaunen, Bewunderung)*	

1 Г

Как дела́?	Wie geht es?	
о́чень	sehr	
хорошо́	gut	о́чень хорошо́
пло́хо	schlecht	
ничего́ *ugs.* **А** ниче[в]о́	*hier:* es geht, ganz gut	– Как дела́? – Ничего́.
всё	alles	всё хорошо́
норма́льно *ugs.*	normal, nichts Besonderes, es geht	
жаль	schade	
переда́й приве́т *кому́?(wem?) mit Dat.*	übermittle, richte aus	Переда́й приве́т Ири́не и Артёму!
переда́м	ich übermittle, richte aus (werde es tun)	Хорошо́, переда́м.
Извини́(те)!	Entschuldigung! Entschuldige(n Sie)! Entschuldigt!	Извини́, я не поняла́.
про́сто	einfach	
пра́вильно	richtig	
но́мер телефо́на	Telefonnummer	

о'ке́й, су́пер

Калейдоско́п: кабине́т информа́тики, ко́лли

Уро́к 2: Моё хо́бби

2 А

хо́бби *s., unveränd.*	Hobby	моё хо́бби
люби́ть *что?(was?) mit Akk. oder mit Inf.*	lieben, gern haben, mögen	Я люблю́ спорт. Что ты лю́бишь де́лать?
де́лать *что? (was?) mit Akk.*	machen, tun	Что ты де́лаешь?

игрáть в *mit Akk.*, **на** *mit Präp.*	spielen	*игрáть* → *в футбóл* (Akk.) → *на гитáре* (Präp.) *на компьютере* (Präp.)
фэ́нтези *s., unveränd.* **A** фэ́нт[э]зи	Fantasy	**E** fantasy
читáть *что? (was?) mit Akk.*	lesen	Я люблю́ читáть фэ́нтези.
Интернéт **A** Инт[э]рн[э́]т	Internet	
сидéть в Интернéте *ugs.*	im Internet sein, surfen	
сидéть в чáте *ugs.*	sich im Internet mit jmdn. unterhalten, im Chat sein, chatten	**E** (to) chat
осóбенно	besonders	
смотрéть *что? (was?) mit Akk.*	sehen, schauen, ansehen	
смотрéть телеви́зор	fernsehen	Мой брат лю́бит смотрéть телеви́зор.
слу́шать *что? (was?) mit Akk.*	hören, zuhören	Я люблю́ слу́шать му́зыку.
рок-му́зыка	Rockmusik	**E** rock music
тéннис **A** т[э́]ннис	Tennis	*игрáть* → ***в*** *тéннис*, ***в*** *футбóл*, ***в*** *хоккéй*, ***в*** *шáхматы*
футбóл	Fußball *(Spiel)*	
хоккéй	(Eis-)Hockey	
шáхматы *nur Pl.*	Schach	
ребя́та *Pl. ugs.*	1. Kinder, Jugendliche *2. wird auch in der Anrede Jugendlicher untereinander im Sinne von „Leute" verwendet*	Ребя́та лю́бят игрáть в хоккéй.
дéлать урóки	Hausaufgaben machen	Ди́ма не óчень лю́бит дéлать урóки.
танцевáть	tanzen	**E** (to) dance
рисовáть	zeichnen, malen	Моя́ сестрá лю́бит рисовáть.
с *mit Instr.*	mit	с дру́гом, с подру́гой
с кем?	mit wem?	
говори́ть по телефóну *с кем? (mit wem?) mit Instr.*	(mit jmdn.) telefonieren	Тáня óчень лю́бит говори́ть по телефóну с Óлей и с Сергéем. Ни́на, с кем ты говори́шь по телефóну?
фотографи́ровать	fotografieren	**E** (to) take a photograph
катáться на *mit Präp.*	fahren, laufen, sich auf etwas bewegen	Я люблю́ катáться на скейтбóрде.
рóлики *Pl. ugs.*	Rollschuhe, Inlineskates	катáться → ***на*** *рóликах*, ***на*** *скейтбóрде*, ***на*** *велосипéде*
скейтбóрд	Skateboard	
велосипéд	Fahrrad	
давáй(те) *mit Inf. (uv.)*	*Aufforderung, Vorschlag:* Los, ...! Lass uns ... ! Lasst uns (Lassen Sie) uns ...!	Óля, давáй дéлать урóки! Ребя́та, давáйте игрáть в футбóл!
скри́пка	Geige	
трубá	Trompete	

бадминтóн, бейсбóл, гандбóл, гольф, аккордеóн, ки́борд, кларнéт, пиани́но, флéйта блюз, джаз, мéтал, панк-рóк, поп-му́зыка, хард-рóк, хип-хóп, рэп

2 Б

когдá?	wann?	Когдá ты игрáешь на компью́тере?
у́тром *когдá?*	am Morgen, morgens	
днём *когдá?*	am Tag, tagsüber	
вéчером *когдá?*	am Abend, abends	
потóм	dann, danach, anschließend	
пóсле *mit Gen.*	nach	пóсле шкóлы, пóсле концéрта
обы́чно	gewöhnlich, normalerweise, meistens	
сначáла	zuerst, zunächst	Сначáла ..., а потóм ...
всегдá	immer	
там	dort	
ску́чно *Adv.* **A** ску́[ш]но	langweilig	

	Ну что́ ты! *ugs.* **A** Ну[ш]то?	Ach was! Na sag mal!	
	два́дцать 20 **три́дцать** 30 **со́рок** 40 **пятьдеся́т** 50	**шестьдеся́т** 60 **се́мьдесят** 70 **во́семьдесят** 80 **девяно́сто** 90 **сто** 100	
	Кото́рый час?	Wie spät ist es?	**!** *часы́* (die Uhr) ist ein Pluralwort. Also: *Где мои́ часы́?*
	Ско́лько вре́мени?	Wie spät ist es?	
	сейча́с **A** с[и]ча́с	jetzt	Ско́лько сейча́с вре́мени? 
	час	Stunde	**!** (оди́н) *час* 2–4 *часа́* 5– 20 *часо́в* 21 *час* 22, 23, 24 *часа́*
	ро́вно	genau, Punkt (… Uhr)	Сейча́с ро́вно де́сять часо́в.
	мину́та	Minute	**!** *одна́ мину́та* *две, три, четы́ре мину́ты* *пять, …, два́дцать мину́т*
	До́брое у́тро!	Guten Morgen!	↔ у́тром
	До́брый день!	Guten Tag!	↔ днём
	До́брый ве́чер!	Guten Abend!	↔ ве́чером
	в *zeitl. mit Akk. – когда́?*	um	в 2 часа́
	за́втракать	frühstücken	Я за́втракаю в семь часо́в.
	обе́дать	zu Mittag essen	Ты обе́даешь в шко́ле и́ли до́ма?
	у́жинать	Abendbrot essen	Когда́ ты у́жинаешь?
	за́втрак	Frühstück	↔ за́втракать
	обе́д	Mittagessen	↔ обе́дать
	у́жин	Abendbrot	↔ у́жинать
2В	**игра́ть в ка́рты**	Karten spielen	Ми́ша лю́бит игра́ть в ка́рты с де́душкой.
	быть *Prät.* он был, она́ была́, они́ бы́ли	sein	Präteritum im Russischen mit den Endungen *(он)* **-л** *(она́)* **-ла́** *(они́)* **-ли**
	вчера́	gestern	Где ты был(а́) вчера́ ве́чером?
	сего́дня **A** с[ив]о́дня	heute	сего́дня по́сле шко́лы
	по телеви́зору *ugs.*	im Fernsehen	↔ телеви́зор смотре́ть фильм (конце́рт) по телеви́зору
	у *кого́? mit Gen.*	bei …(sein)	Ве́чером Макси́м был у Бори́са, а Ла́ра была́ у ба́бушки.
	вме́сте	gemeinsam, zusammen	Мы вме́сте де́лали уро́ки.
	Поня́тно. *ugs.*	(Alles) klar.	
	ча́сто	oft	Я ча́сто сижу́ в ча́те.
	Серьёзно? *ugs.*	Ernsthaft? Wirklich? Echt?	
2Г	**Прия́тного аппети́та!**	Guten Appetit!	
	хоте́ть *mit Inf.* я хочу́, ты хо́чешь	wollen, mögen	Я о́чень хочу́ ката́ться на ро́ликах.
	есть *что? (was?) mit Akk.*	essen	Ми́ша не хо́чет есть шпина́т.
	пить *что? mit Akk.*	trinken	Что ты хо́чешь пить?
	(я) **возьму́** *что? (was?) mit Akk.*	ich nehme …	Я возьму́ сала́т и ко́лу.
	рис	Reis	ку́рица с ри́сом
	компо́т	Kompott	
	котле́ты *Pl.* *Sg.* котле́та	Buletten, Klopse, Frikadellen	Я возьму́ котле́ты с ри́сом.
	на за́втрак	zum Frühstück	На за́втрак я люблю́ пить молоко́.
	на обе́д	zum Mittagessen	
	на у́жин	zum Abendbrot	Что ты хо́чешь есть на у́жин?
	буфе́т	Bistro, Imbiss, Selbstbedienungsrestaurant	в буфе́те
	Бери́ ещё!	Nimm noch!	
	Бу́дешь ещё …? *ugs.*	Möchtest du noch…?	Бу́дешь ещё сок?
	С удово́льствием!	Gern. Mit Vergnügen!	

попрóбуй *что? (was?) mit Akk.*	koste (noch), probiere …	Попрóбуй ещё суп!
Я бóльше не могý!	Ich kann nicht mehr.	
Я **сыт (сытá).**	Ich bin satt.	
Всё бы́ло óчень вкýсно!	Es hat sehr gut geschmeckt.	
соси́ски *Pl.* *Sg.* соси́ска	Würstchen	
квас	Kwas(s)	
картóфель *m.* **фри** *unveränd.*	Pommes frites	
конфéты *Pl.* *Sg.* конфéта	Konfekt, Pralinen	

 багéт, макарóны, мю́сли, пюрé (**A** пюр[э]), соля́нка

Урóк 3: Здесь я дóма.

3 A

вопрóс	Frage	твой вопрóс, твои́ вопрóсы
и́мя *s.* *Pl.* именá	Vorname	Олéг – э́то моё и́мя.
жить *где?* в *mit Präp.*	wohnen, leben	Где ты живёшь? Я живý в гóроде Яросла́вле.
дерéвня *w.*	Dorf, Land	Моя́ ба́бушка живёт в дерéвне.
ма́ленький -ая, -ое; -ие	klein	Бланкенфéльде – э́то ма́ленькая дерéвня.
большóй -а́я, -óе; -и́е	groß	Яросла́вль – э́то большóй гóрод.
небольшóй -а́я, -óе; -и́е	nicht groß, klein	Гра́йфсвальд – э́то небольшóй гóрод.
роднóй -а́я, -óе; -ы́е	Heimat-, heimatlich	Москва́ – э́то мой роднóй гóрод.
(он, онá, онó) **нахóдится** *где? (wo?)* в *mit Präp.* **A** нахóди[тца]	(er, sie, es) befindet sich (wo?)	Где нахóдится дерéвня? Кафé нахóдится в па́рке.
(они́) **нахóдятся** *где? (wo?)* в *mit Präp.* **A** нахóдя[тца]	(sie) befinden sich (wo?)	Собóр и музéй нахóдятся в цéнтре гóрода.
центр	Zentrum, Stadtmitte	**E** centre Собóр нахóдится в цéнтре гóрода.
далекó от *mit Gen.*	weit (von)	Э́то далекó от Москвы́?
недалекó от *mit Gen.*	nicht weit (von)	Яросла́вль нахóдится недалекó от Москвы́.
рекá *Pl.* рéки	Fluss	Гóрод нахóдится на рекé Вóлге.
на *mit Präp.*	1. an (*in Verbindung mit geographischen Namen)* 2. im (*in Verbindung mit Himmelsrichtungen)*	1. Комсомóльск-на-Амýре, Фра́нкфурт-на-Ма́йне; Фра́нкфурт-на-Óдере Гóрод нахóдится на рекé Лéне. 2. на сéвере
сéвер	Norden	***где?***
востóк	Osten	*на сéвере*
юг	Süden	*на за́паде* ← ↕ → *на востóке*
за́пад	Westen	*на юге*
плóщадь *w.*	Platz	В цéнтре Вóлогды нахóдится Кремлёвская плóщадь.
ста́рый -ая, -ое; -ые	alt	Вóлогда – ста́рый гóрод.
Кремль *m.*	Kreml in Moskau	Москóвский Кремль
кремль *m.* *Pl.* кремли́	Stadtfestung (*in alten russischen Städten*)	В цéнтре Вóлогды нахóдится ста́рый кремль.
Кремлёвский -ая, -ое; -ие	Kreml-	Кремлёвская плóщадь
интерéсный -ая, -ое; -ые	interessant	В гóроде есть интерéсный музéй.
краси́вый -ая, -ое; -ые	schön	Санкт-Петербýрг – óчень краси́вый гóрод.
нóвый -ая, -ое; -ые	neu	В па́рке нóвое кафé.

	люби́мый -ая, -ое; -ые	Lieblings-, beliebt	↔ люби́ть Санкт-Петербу́рг - мой люби́мый го́род. Спаге́тти – моё люби́мое блю́до.
	зде́сь	hier	
	ме́сто *Pl.* места́	Ort, Platz	Парк – моё люби́мое ме́сто.
	у́лица	Straße	Э́то на́ша у́лица.
	мир	*hier:* Frieden	Мы хоти́м жить в ми́ре. Я живу́ на у́лице Ми́ра.
	центра́льный -ая, -ое; -ые	zentral, Zentral-	↔ центр Тверска́я у́лица – центра́льная у́лица в Москве́.
	банк	Bank, Geldinstitution	**E** bank В го́роде есть ба́нки. В дере́вне нет ба́нка.
	коне́чно *ugs.* **A** коне́[шн]о	natürlich, sicher	– Ты лю́бишь шокола́д? – Коне́чно, люблю́.
3 Б	**наш** на́ша, на́ше; на́ши	unser	*наш класс* *на́ша у́лица* *на́ше люби́мое ме́сто* *на́ши друзья́*
	ваш ва́ша, ва́ше; ва́ши	euer	Ребя́та, э́то ваш класс?
	но	…, aber …	Дом ма́ленький, но хоро́ший.
	кварти́ра	Wohnung	**F** quartier Э́то на́ша кварти́ра.
	к сожале́нию	leider — *к сожале́нию* wird immer durch Kommas abgetrennt.	К сожале́нию, в кварти́ре нет балко́на. У нас, к сожале́нию, ма́ленькая кварти́ра.
	ую́тный -ая, -ое; -ые	gemütlich	Кварти́ра ма́ленькая, но ую́тная.
	ко́мната	Zimmer	Ско́лько ко́мнат в кварти́ре?
	ку́хня *w. где?* в ку́хне	Küche	У нас больша́я ку́хня.
	ва́нная *w.* *где?* в ва́нной (ко́мнате)	Badezimmer	Где у вас ва́нная?
	со́бственный -ая, -ое; -ые	eigen, Eigentum, Eigen-(heim)	Э́то ваш со́бственный дом?
	гости́ная *w.* *где?* в гости́ной (ко́мнате)	Wohnzimmer	В кварти́ре больша́я гости́ная.
	спа́льня *w.* *где?* в спа́льне	Schlafzimmer	Э́то на́ша спа́льня.
	де́тская *w.* *где?* в де́тской (ко́мнате)	Kinderzimmer	Э́то моя́ де́тская (ко́мната).
	пе́рвый -ая, -ое; -ые	der (die, das; die) erste(n)	пе́рвый дом
	второ́й -а́я, -о́е; -ы́е	der (die, das; die) zweite(n)	второ́й компью́тер
	эта́ж *Pl.* этажи́	Etage, Stock	**F** étage пе́рвый эта́ж
	на *mit Präp.*	in *(in Verbindung mit Stockwerken/ Etagen)*	На этаже́ две кварти́ры.
	на пе́рвом этаже́ на второ́м этаже́	im Erdgeschoss, Parterre im 1. Stock, in der 1. Etage	На́ша кварти́ра на пе́рвом (второ́м) этаже́.
	прихо́жая *w.* *где?* в прихо́жей (ко́мнате)	Flur, Diele	В до́ме ую́тная прихо́жая.
	столо́вая *w.* *где?* в столо́вой (ко́мнате)	Esszimmer	↔ стол В до́ме больша́я столо́вая.
	кабине́т	Arbeitszimmer	Э́то кабине́т па́пы.
	черда́к *Pl.* чердаки́	Dachboden	ма́ленький черда́к
	подва́л	Keller	большо́й подва́л
	ле́стница **A** ле́[сн]ица	Treppe	ста́рая ле́стница
	дверь *w.; Pl.* две́ри	Tür	больша́я дверь
	зе́ркало *Pl.* зеркала́	Spiegel	ста́рое зе́ркало

шкаф *Pl.* шкафы́ *где?* на шкафу́, в шкафу́	Schrank	большо́й шкаф
холоди́льник	Kühlschrank	Квас и соси́ски в холоди́льнике.
электроплита́ *Pl.* электропли́ты	Elektroherd	У нас электроплита́.
сто́лик журна́льный сто́лик	kleiner Tisch Couchtisch	↔ стол
цветы́ *Pl.* *Sg.* цвето́к	Blumen, Grünpflanzen	Э́то мои́ люби́мые цветы́.
сте́нка *ugs.*	Schrankwand	ста́рая сте́нка
музыка́льный центр	Hi-Fi-Anlage	У нас есть музыка́льный центр.
ковёр *Pl.* ковры́	Teppich	краси́вый ковёр
по́лка	Regal	небольша́я по́лка
карти́на	Bild	краси́вая карти́на
посудомо́йка *ugs.* (посудомо́ечная маши́на)	Geschirrspüler	
микроволно́вка *ugs.* (микроволно́вая печь)	Mikrowelle	
стира́льная маши́на	Waschmaschine	
га́зовая плита́	Gasherd	
табуре́т(ка)	Hocker	
го́рка *ugs.*	Anbauwand	
дива́н-крова́ть	Schlafcouch	
куше́тка	Liege	
пи́сьменный стол	Schreibtisch	↔ письмо́ Э́то мой пи́сьменный стол.
компью́терный стол **A** компью[тэ]рный	Computertisch, PC-Tisch	↔ компью́тер Э́то мой компью́терный стол.
сте́реоаппарату́ра	Stereoanlage	
дома́шний кинотеа́тр	Heimkino, Home-Cinema	

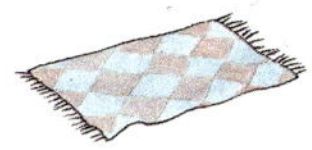

 балко́н, DVD-пле́ер (**A** DVD [ди-ви-ди́], коридо́р, ла́мпа, терра́са, туале́т

3 B

до *(örtl.) mit Gen.*	bis (hin)	до теа́тра, до библиоте́ки
дое́хать до *mit Gen.*	fahren bis zum (zur) …	Извини́те, как дое́хать до Арба́та?
москви́ч *Pl.* москвичи́	Moskauer	↔ Москва́ Оле́г москви́ч.
москви́чка	Moskauerin	Ната́ша москви́чка. Они́ москвичи́.
туда́ *куда́?*	dorthin	Как дое́хать туда́?
на *mit Präp.*	mit *(in Verbindung mit Transportmitteln)*	на авто́бусе
метро́ *s., unveränd.*	Metro, U-Bahn	на метро́
мо́жно	man kann, es ist möglich	До Арба́та мо́жно дое́хать на метро́.
ста́нция	Station	**E** station ста́нция «Арба́тская»
Скажи́(те)!	Sage …; Sagen Sie …, sagt …	Скажи́те, пожа́луйста, как дое́хать до ци́рка?
отсю́да *отку́да?*	von hier aus	Э́то недалеко́ отсю́да.
дойти́ до *mit Gen.*	gehen bis …, zu Fuß erreichen, gelangen	Извини́те, как дойти́ до у́лицы Ми́ра?
пешко́м	zu Fuß	Э́то недалеко́ отсю́да. Туда́ мо́жно дойти́ пешко́м.
Иди́(те)!	Geh! Gehen Sie! Geht!	Иди́те до ба́нка, а пото́м …
пря́мо *куда́?*	gerade; geradeaus	Иди́те пря́мо до у́лицы Ми́ра, а пото́м …
нале́во *куда́?*	nach links	Иди́те пря́мо до у́лицы Ми́ра, а пото́м нале́во.
напра́во *куда́?*	nach rechts	Иди́те пря́мо до апте́ки, а пото́м напра́во.
ГУМ (Гла́вный универса́льный магази́н) **A** wird wie ein Wort [гум] gesprochen.	GUM *(das bekannteste und größte Kaufhaus in Moskau)*	Извини́те, как дое́хать до ГУ́Ма?
Ботани́ческий сад	Botanischer Garten	Ста́нция «Ботани́ческий сад».

Большо́й теа́тр	Bolschoi-Theater	Скажи́те, пожа́луйста, где здесь Большо́й теа́тр?
Третьяко́вская галере́я Третьяко́вка *ugs.*	Tretjakow-Galerie *(Museum russischer Kunst in Moskau)*	Где нахо́дится Третьяко́вская галере́я? Как дое́хать до Третьяко́вки?
телеба́шня *w.*	Fernsehturm	Как дое́хать до телеба́шни?
маршру́тка *ugs.* маршру́тное такси́	Kleinbus-Sammeltaxi	*дое́хать* → ***на*** *маршру́тке* / ***на*** *трамва́е* / ***на*** *тролле́йбусе*
трамва́й *m.*	Straßenbahn	**E** tram
тролле́йбус	Obus	**E** trolleybus Туда́ мо́жно дое́хать на тролле́йбусе и́ли трамва́е.
апте́ка	Apotheke	
суперма́ркет	Supermarkt	**E** supermarket До суперма́ркета мо́жно дое́хать на авто́бусе.
проспе́кт	Prospekt (*breite gerade Straße),* Avenue	ста́нция «Проспе́кт Ми́ра»
остано́вка	Haltestelle	Извини́те, как дойти́ до остано́вки авто́буса?
стоя́нка такси́	Taxistand	Извини́те, где здесь стоя́нка такси́?
вокза́л	Bahnhof	Извини́те, как дойти́ до вокза́ла?

3 Г

продавщи́ца	Verkäuferin	Моя́ тётя продавщи́ца.
продаве́ц *Pl.* продавцы́	Verkäufer	Извини́те, где продаве́ц?
Покажи́(те)! *что? (was?) mit Akk.*	Zeige! Zeigen Sie! Zeigt!	Покажи́те на ка́рте о́зеро Байка́л!
э́тот э́та, э́то; э́ти	dieser, diese, dieses; diese	Покажи́те, пожа́луйста, вот э́тот самова́р!
матрёшка	Matrjoschka	Матрёшка – э́то сувени́р из Росси́и.
(он, она́, оно́) **сто́ит**	(er, sie, es) kostet	Ско́лько сто́ит э́тот самова́р?
(они́) **сто́ят**	(sie) kosten	Ско́лько сто́ят э́ти но́жницы?
рубль *m.* *Pl.* рубли́	Rubel — Kennst du den Ausdruck „Der Rubel rollt.“?	Тетра́дь сто́ит два́дцать оди́н рубль. Но́жницы сто́ят 95 рубле́й.
кольцо́ *Pl.* ко́льца	Ring	Ско́лько сто́ит э́то кольцо́?
(он, она́, оно́) мне **нра́вится** **A** нра́ви[тца]	(er, sie, es) gefällt mir	– Тебе́ нра́вится э́то кольцо́? – Да, оно́ мне нра́вится.
(они́) мне **нра́вятся** **A** нра́вя[тца]	(sie) gefallen mir	– Тебе нра́вятся э́ти цветы́? – Нет, они́ мне не нра́вятся.
(я) **беру́** *что? (was?) mit Akk.*	ich nehme (etwas)	Я беру́ э́то кольцо́.
моро́женое *s.*	Speiseeis	Я люблю моро́женое.
ру́сский -ая, -ое; -ие	russisch	↔ говори́ть по-ру́сски Во́логда – э́то ста́рый ру́сский го́род. У меня́ есть ру́сские сувени́ры.
неме́цкий -ая, -ое; -ие	deutsch	↔ говори́ть по-неме́цки Мне нра́вятся неме́цкие сувени́ры. Гра́йфсвальд – э́то ста́рый неме́цкий го́род.
плато́к *Pl.* платки́	Tuch	Мне нра́вится э́тот плато́к.
подно́с	Tablett	Тебе́ нра́вится э́тот подно́с?
шкату́лка	Schatulle (Schmuckkästchen)	У меня́ есть краси́вая шкату́лка из Па́лехa.
кли́псы *Sg.* кли́пса	Klips	**E** clips Тебе нра́вятся э́ти кли́псы?
календа́рь *m.* *Pl.* календари́	Kalender	**E** calendar Я беру́ э́тот календа́рь.
ша́пка	Pelzmütze	Ско́лько сто́ит э́та ша́пка?
откры́тка	Ansichtskarte	Да́йте, пожа́луйста, вот э́ту откры́тку!
де́ньги *Pl.*	Geld	больши́е де́ньги Мы смотре́ли фильм «Ру́сские де́ньги».
е́вро *m. unveränd.*	Euro	Плато́к сто́ит сто е́вро.
цент	Cent	Откры́тки сто́ят два е́вро девяно́сто це́нтов.
копе́йка	Kopeke	Э́то сто́ит два́ рубля́ три́дцать копе́ек.

 сувени́р, фа́нта

Namen

Diese Vornamen und geografischen Namen (Länder, Städte, Dörfer, Seen, Flüsse) findest du in deinem Schülerbuch.

Russische Vornamen

Mädchennamen

Kurzform, Kosename	Langform	Kurzform, Kosename	Langform	Kurzform, Kosename	Langform
	А́лла	Ла́ра	Лари́са	О́ля	О́льга
А́ня	(А́нна)	Ле́на	Еле́на	Ри́та	(Маргари́та)
Ва́ля	(Валенти́на)	Ли́да	Ли́дия	(Са́ша)	Алекса́ндра
Да́ша	(Да́рья)	Ли́за	Елизаве́та	Све́та	(Светла́на)
Же́ня	(Евге́ния)	Ма́ша	(Мари́я)	Со́ня	(Со́фья)
	За́ра		Мари́на	Та́ня	Татья́на
	Земфи́ра	Ми́ла	(Людми́ла)		Э́лла
Зи́на	Зинаи́да	На́дя	(Наде́жда)	Ю́ля	Ю́лия
	Зо́я	На́стя	Анастаси́я		
И́ра	Ири́на	Ната́ша	Ната́лья		
Ка́тя	Екатери́на		Ни́на		
	Ки́ра		Окса́на		

Hunde im Buch heißen Ша́рик, Принц, Э́лла.

Jungennamen

Kurzform, Kosename	Langform	Kurzform, Kosename	Langform	Kurzform, Kosename	Langform
Алёша	Алексе́й	Ва́ня	Ива́н	Сла́ва	(Вячесла́в)
	Андре́й		И́горь		Степа́н
	Анто́н	Ко́ля	Никола́й	То́лик	(Анато́лий)
	Артём	Ко́стя	(Константи́н)	Ю́ра	(Ю́рий)
Бо́ря	Бори́с	Макс	Макси́м		
	Вади́м	Ми́ша	Михаи́л		
Ви́тя	Ви́ктор		Ники́та		
Во́ва	Влади́мир		Оле́г		
	Григо́рий		Па́вел		
	Дени́с	Пе́тя	Пётр		
Ди́ма	Дми́трий	Са́ша	Алекса́ндр		
Же́ня	(Евге́ний)	Серёжа	Серге́й		

In Klammern sind einige Formen gegeben, die im Buch nicht vorkommen, die aber häufig gebraucht werden. Schüler verwenden untereinander eher die Kurzformen (Kosenamen).

Deutsche und internationale Vornamen

Mädchennamen:

Анна (Анне), Анника, Антониа / Антония, Ванесса, Дженнифер, Жасмин, Зара / Сара, Йоханна / Йохана, Катарина, Лара, Лаура, Леа, Лена, Лиза, Лина, Луиза, Мари, Мелина / Мелена, Мишель, Николь, Нина, Нора, Софи, Ханна, Эмили, Юлия, Яна, Ясмин

Jungennamen:

Александр, Даниель / Даниэль, Йонас, Ленард, Леон, Лука, Лукас, Марвин, Марк, Маркус, Марсель, Максимилиан, Моритц / Мориц , Никлас, Нико, Патрик, Пауль, Роберт, Тим, Тобиас, Фабиан, Феликс, Филипп, Финн, Юлиан, Ян, Яник

Länder

А́нглия, Аме́рика, Аргенти́на, Бе́льгия, Болга́рия, Брази́лия, Герма́ния, И́ндия, Ирла́ндия, Испа́ния, Ита́лия, Кана́да, Ке́ния, Маро́кко, Ме́ксика, Перу́, По́льша, Росси́я, Сингапу́р, Слова́кия, Туни́с, Ту́рция, Фра́нция, Че́хия, Эквадо́р, Яма́йка, Япо́ния

Städte, Dörfer

in Russland: Ана́дырь, Владивосто́к, Влади́мир, Во́логда, Екатеринбу́рг, Ирку́тск, Калинингра́д, Комсомо́льск-на-Аму́ре, Кострома́, Краснода́р, Красноя́рск, Магада́н, Москва́, Но́вгород, Новосиби́рск, Омск, Оренбу́рг, Пермь, Петропа́вловск-Камча́тский, Па́лех, Псков, Ряби́ново, Сама́ра, Санкт-Петербу́рг, Сара́тов, Смоле́нск, Томск, Торжо́к, Ту́ла, Хаба́ровск, Яку́тск, Яросла́вль
in Deutschland: Берли́н, Га́лле, Га́мбург, Гра́йфсвальд, Дре́зден, Йе́на, Киль, Ко́бленц, Магдебу́рг, Мю́нхен, Рёверсха́ген, Ро́сток, Фра́нкфурт-на-Ма́йне
und anderswo: Варша́ва, Ло́ндон

Flüsse und Seen

in Russland: Аму́р, Байка́л, Во́лга, Во́логда, Дон, Ле́на
in Deutschland: Майн, Мо́зель, О́дер, Рейн

Verben

Verben, die du konjugieren kannst.	
говори́ть	говорю́, говори́шь, говори́т, говори́м, говори́те, говоря́т
де́лать	де́лаю, де́лаешь, де́лает, де́лаем, де́лаете, де́лают
жить	живу́, живёшь, живёт, живём, живёте, живу́т
за́втракать	за́втракаю, за́втракаешь, за́втракает, за́втракаем, за́втракаете, за́втракают
игра́ть	игра́ю, игра́ешь, игра́ет, игра́ем, игра́ете, игра́ют
люби́ть	люблю́, лю́бишь, лю́бит, лю́бим, лю́бите, лю́бят
обе́дать	обе́даю, обе́даешь, обе́дает, обе́даем, обе́даете, обе́дают
сиде́ть	сижу́, сиди́шь, сиди́т, сиди́м, сиди́те, сидя́т
слу́шать	слу́шаю, слу́шаешь, слу́шает, слу́шаем, слу́шаете, слу́шают
смотре́ть	смотрю́, смо́тришь, смо́трит, смо́трим, смо́трите, смо́трят
у́жинать	у́жинаю, у́жинаешь, у́жинает, у́жинаем, у́жинаете, у́жинают
чита́ть	чита́ю, чита́ешь, чита́ет, чита́ем, чита́ете, чита́ют

Verben, von denen du einzelne Formen kennst.	
брать	(я) **беру́**
быть	(он) **был**, (она́) **была́**, (они́) **бы́ли**
взять	(я) **возьму́**
звать	(меня́, тебя́) **зову́т**
мочь	(я бо́льше не) **могу́**
находи́ться	(он, она́, оно́) **нахо́дится**, (они́) **нахо́дятся**
нра́виться	(он, она́, оно́) мне **нра́вится**, (они́) мне **нра́вятся**
переда́ть	(я) **переда́м** (приве́т)
поня́ть	(я не) **по́нял** *m.*, (я не) **поняла́** *w.*
сто́ить	(он, она́, оно́) **сто́ит**, (они́) **сто́ят**
хоте́ть	(я) **хочу́**, (ты) **хо́чешь**

Verben, die du im Imperativ gebrauchen kannst.
Бери́(те).
Возьми́(те).
Дава́й(те).
Да́й(те).
Иди́(те).
Извини́(те).
Переда́й(те) приве́т (Артёму/Ле́не).
Покажи́(те).
Попро́буй(те).
Скажи́(те).

Weitere Verben im Imperativ findest du in den Arbeitsanweisungen (S. 119).

Verben, die du im Infinitiv in bestimmten Wendungen kennen gelernt hast.	
как (мо́жно) **дое́хать** до *mit Gen.*	
как (мо́жно) **дойти́** до *mit Gen.*	
люби́ть	**есть** на за́втрак (обе́д, у́жин)
	ката́ться на *mit Präp.*
	пить
	рисова́ть
	танцева́ть
	фотографи́ровать

Alphabetisches Wörterverzeichnis (Russisch-Deutsch)

Hier findest du alphabetisch geordnet alle Wörter, die du gelernt hast: Beachte, dass du von einigen Wörtern nur bestimmte Formen oder ganze Wendungen kennst, z. B. (я) беру́ steht unter Б. Die verwendeten Abkürzungen findest du auf Seite 2. Fett gedruckt sind die Wörter, die zum Lernwortschatz gehören. Die nicht hervorgehobenen Vokabeln musst du nicht alle können. Du wählst selbst aus, welche du brauchst.

А

а und, aber С 2

авто́бус (Auto-)Bus С 1

аква́риум Aquarium Wt С 8

аккордео́н Akkordeon Wt 2 А

Алло́! Hallo! *(nur beim Telefonieren)* 1 Б

алфави́т Alphabet С 1

анана́с Ananas Wt С 1

апте́ка Apotheke 3 В

атле́т Athlet Wt С 8

Б

ба́бушка Oma, Großmutter С 3

баге́т Baguette Wt 2 Г

бадминто́н Federball, Badminton Wt 2 А

балко́н Balkon Wt 3 Б

бана́н Banane Wt С 1

банк Bank, Geldinstitution Wt С 1, 3 А

банкома́т Bankautomat Wt С 1

бар Bar Wt С 3

баскетбо́л Basketball Wt С 6/2 А

бассе́йн Schwimmbad, Schwimmhalle 1 Б

бейсбо́л Baseball Wt 2 А

Бери́ ещё! Nimm noch! 2 Г

(я) **беру́** *что? mit Akk.* ich nehme … 3 Г

библиоте́ка Bibliothek 1 Б

бистро́ *unveränd.* Bistro Wt С 8

блины́ *Pl.* Plinsen (Crêpes) С 6

блюз Blues *(Musikrichtung)* Wt 2 А

бокс Boxen, Boxsport Wt С 6

большо́й, -а́я, -о́е; -и́е groß 3 А

Большо́й теа́тр Bolschoi-Theater 3 В

борщ Borschtsch (Suppe aus Weißkohl und roten Rüben) С 6

Ботани́ческий сад Botanischer Garten 3 В

брат; *Pl.* бра́тья Bruder 1 А

Бу́дешь ещё …? *ugs.* Möchtest du noch …? 2 Г

бу́лочки *Pl.; Sg.* бу́лочка Brötchen С 6

бутербро́д belegtes Brot (Brötchen), belegte Schnitte Wt С 6

буфе́т Bistro, Imbiss, Selbstbedienungsrestaurant 2 Г

быть; *Prät.* он был, она́ была́, они́ бы́ли sein 2 В

бюро́ *unveränd.* Büro Wt С 3

В

в *räumlich mit Präp. – где?* in, im (in dem) С 7, 1 Б

в *zeitl. mit Akk. – когда́?* um 2 Б

ва́нная *w. где?* в ва́нной (ко́мнате) Badezimmer 3 Б

варе́нье *s.* dick eingekochte Beeren und Früchte, eine Art Konfitüre С 6

ваш, ва́ша, ва́ше; ва́ши euer 3 Б

велосипе́д Fahrrad 2 А

ве́чером *когда́?* am Abend, abends 2 Б

вино́ *s.; Pl.* ви́на Wein Wt С 6

вку́сно schmackhaft, lecker 2 Г

вме́сте gemeinsam, zusammen 2 В

вода́ *Akk.* во́ду Wasser С 6

(я) **возьму́** *что? mit Akk.* ich nehme 2 Г

вокза́л Bahnhof 3 В

волейбо́л Volleyball Wt С 6, 2 А

вопро́с Frage 3 А

восемна́дцать achtzehn С 4

во́семь acht С 4

во́семьдесят achtzig 2 Б

восто́к; *где?* **на** восто́ке Osten, im Osten 3 А

вот da (ist, sind) С 2

Вот э́то да! *ugs.* Alle Achtung! *(Ausdruck von Erstaunen, Bewunderung)* 1 В

всё alles 1 Г

всё бы́ло о́чень вку́сно es hat alles gut geschmeckt 2 Г

всегда́ immer 2 Б

второ́й, -а́я, -о́е; -ы́е der (die, das; die) zweite(n) 3 Б

вчера́ gestern 2 В

вы ihr; Sie *(Höflichkeitsform)* 1 А

Г

га́зовая плита́ Gasherd 3 Б

га́мбургер Hamburger *(Fastfood-Essen)* Wt С 6

гандбо́л Handball Wt 2 А

гара́ж; *Pl.* гаражи́ Garage 1 Б

где? wo? 1 Б

Герма́ния Deutschland С 5

гита́ра Gitarre С 4

гло́бус Globus Wt С 4

говори́ть по телефо́ну *с кем? mit Instr.* (mit jmdn.) telefonieren 2 А

(ты) **говори́шь** du sprichst С 5

(я) **говорю́** ich spreche С 5

гольф Golf Wt 2 А

го́рка *ugs.* Anbauwand 3 Б

го́род; *Pl.* города́ Stadt 1 Б

гости́ная *w. где?* в гости́ной (ко́мнате) Wohnzimmer 3 Б

гости́ница Hotel 3 А

ГУМ *Abk. für* Гла́вный универса́льный магази́н GUM *(das bekannteste und größte Kaufhaus in Moskau)* 3 В

Д

да ja С 2

дава́й(те) *mit Inf. (uv.) Aufforderung, Vorschlag:* Los, …! Lass uns … ! Lasst uns (Lassen Sie) uns … ! 2 А

дай мне *что? mit Akk.* gib mir С 7

да́йте мне *что? mit Akk.* gebt, geben Sie mir С 7

далеко́ от *mit Gen.* weit von 3 А

два, две zwei С 4

два́дцать zwanzig 2 Б

двена́дцать zwölf С 4

дверь *w.* Tür 3 Б

девяно́сто neunzig 2 Б

девятна́дцать neunzehn С 4

де́вять neun С 4

де́душка *m.* Opa, Großvater С 4

де́лать *что? mit Akk.* machen, tun 2 А

де́лать уро́ки Hausaufgaben machen 2 А

де́ньги *Pl.* Geld 3 Г

дере́вня *w.* Dorf, Land 3 А

де́сять zehn С 4

де́тская *w. где?* в де́тской (ко́мнате) Kinderzimmer 3 Б

джаз Jazz *(Musikrichtung)* Wt 2 А

джо́ггинг Jogging Wt С 6

дзюдо́ *unveränd.* Judo Wt С 6

дива́н Sofa, Couch, Diwan 1 Б

дива́н-крова́ть Schlafcouch 3 Б

дискоте́ка Diskothek 1 Б

днём *когда́?* am Tag, tagsüber 2 Б

до *(örtl.) mit Gen.* bis (hin) 3 В

До́брое у́тро! Guten Morgen! 2 Б

До́брый ве́чер! Guten Abend! 2 Б

До́брый день! Guten Tag! 2 Б

дое́хать до *mit Gen.* fahren bis zum (zur) … 3 В

дойти́ до *mit Gen.* gehen bis …, zu Fuß erreichen, gelangen 3 В

дом; *Pl.* дома́ Haus 1 Б

до́ма zu Haus(e) 1 Б

дома́шний кинотеа́тр Heimkino, Home-Cinema 3 Б
До свида́ния! Auf Wiedersehen! С 2
доска́; *Pl.* до́ски Tafel С 7
друг; *Pl.* друзья́ Freund 1 А
дя́дя *m.* Onkel 1 А
DVD-пле́ер DVD-Player Wt 3 Б

Е

е́вро *m. unveränd.* Euro 3 Г
Его́ зову́т ... Er heißt ... *(Man ruft, nennt ihn ...)* 1 А
Её зову́т ... Sie heißt ... *(Man ruft, nennt sie ...)* 1 А
ёж; *Pl.* ежи́ Igel С 4
ёлка Fichte, Tanne, Neujahrstanne, Weihnachtsbaum С 4
есть es gibt, es ist vorhanden 1 Б
есть *что? mit Akk.* essen 2 Г
ещё noch С 7

Ж

жалюзи́ *s. und Pl. unveränd.* Jalousie Wt С 4
жаль schade 1 Г
жить *где?* в *mit Präp.* wohnen, leben 3 А
журна́л Zeitschrift С 4
журна́льный сто́лик Couchtisch 3 Б

З

за́втрак Frühstück 2 Б
за́втракать frühstücken 2 Б
за́пад; *где?* на за́паде Westen, im Westen 3 А
здесь hier 3 А
Здра́вствуй! Guten Tag! С 2
Здра́вствуйте! Guten Tag! С 3
зе́ркало; *Pl.* зеркала́ Spiegel 3 Б
зоопа́рк Zoo, Zoologischer Garten 1 Б

И

и und С 2
игра́ть в *mit Akk.*, на *mit Präp.* spielen 2 А
игра́ть в ка́рты Karten spielen 2 В
Иди́(те)! Geh! (Gehen Sie! Geht!) 3 В
Извини́(те)! Entschuldigung! (Entschuldige(n Sie)! Entschuldigt!) 1 Г
из Герма́нии aus Deutschland С 5
из Росси́и aus Russland С 5
и́ли oder 1 В
и́мя *s.*; *Pl.* имена́ Vorname 3 А
институ́т Institut Wt С 8
интере́сный, -ая, -ое; -ые interessant 3 А
Интерне́т Internet 2А

К

кабине́т Arbeitszimmer 3 Б
кабине́т информа́тики Informatikkabinett *(in der Schule)* Wt 1 Д
как? wie? С 3
кака́о *unveränd.* Kakao С 1
Как дела́? Wie geht es? 1 Г
Как по-неме́цки ...? Wie heißt deutsch ...? С 5
Как по-ру́сски ...? Wie heißt russisch ...? С 5
Как тебя́ зову́т? Wie heißt du? С 3
ка́ктус Kaktus Wt С 1
калейдоско́п Kaleidoskop С 8
календа́рь *m.*; *Pl.* календари́ Kalender 3 Г
канаре́йка Kanarienvogel 1 В
каранда́ш; *Pl.* карандаши́ Bleistift С 7
ка́рта (Land-)Karte Wt С 7
карти́на Bild 3 Б
карто́фель *m.* **фри** *unveränd.* Pommes frites 2 Г
ка́сса Kasse Wt С 1
ката́ться на *mit Präp.* fahren, laufen, sich auf etwas bewegen 2 А
кафе́ *s., unveränd.* Café, Kaffeehaus, Konditorei 1 Б
ка́ша Kascha (Brei) С 6
кварти́ра Wohnung 3 Б
квас Kwas(s) 2 Г
ки́борд Keyboard; Tastatur Wt 2 А
кино́ *unveränd. ugs.* 1. Kino; 2. Film 1 Б
кинотеа́тр Filmtheater, Kino *(Gebäude)* 1 Б
кио́ск Kiosk Wt С 3
кларне́т Klarinette Wt 2 А
класс Klasse, Klassenraum С 7
кли́псы *Pl.*; *Sg.* кли́пса Klips 3 Г
кни́га Buch С 7
ковёр; *Pl.* ковры́ Teppich 3 Б
когда́? wann? 2 Б
ко́ла *ugs.* ко́ка-ко́ла (Coca-)Cola С 6
ко́лли Collie *(schottischer Schäferhund)* Wt 1 Г
кольцо́; *Pl.* ко́льца Ring 3 Г
ко́мната Zimmer 3 Б
компо́т Kompott 2 Г
компью́тер Computer С 7
компью́терный стол Computertisch, PC-Tisch 3 Б
коне́чно *ugs.* natürlich, sicher 3 А
конфе́ты *Pl.*; *Sg.* конфе́та Konfekt, Pralinen 2 Г
конце́рт Konzert Wt С 8, 1 Б
копе́йка Kopeke 3 Г
коридо́р Korridor, Flur Wt 3 Б
кот; *Pl.* коты́ Kater С 1
котле́ты *Pl.*; *Sg.* котле́та Buletten, Frikadellen, Klopse 2 Г
Кото́рый час? Wie spät ist es? 2 Б
ко́фе *m. unveränd.* Kaffee Wt С 6
ко́шка Katze 1 В
краси́вый, -ая, -ое; -ые schön 3 А
Кремлёвский, -ая, -ое; -ие **кремлёвский**, -ая, -ое; -ие Kreml- 3 А
Кремль *m.* кремль *m.*; *Pl.* кремли́ Kreml in Moskau Stadtfestung *(in alten russischen Städten)* 3 А
кре́сло Sessel 1 А
кро́лик Kaninchen 1 В
к сожале́нию leider 3 Б
кто? wer? С 2
ку́рица Huhn, Hühnchen С 6
ку́хня *w.* Küche 3 Б
куше́тка Liege 3 Б

Л

Ла́дно. *ugs.* (Nun) gut! Einverstanden! o.k. (okay) 1 Б
ла́мпа Lampe Wt 3 Б
ла́стик *ugs.* Radiergummi С 7
ле́стница Treppe 3 Б
лимона́д Limo(nade) С 6
лине́йка Lineal С 7
литерату́ра Literatur Wt С 3
лифт Lift, Fahrstuhl Wt С 3
люби́мый, -ая, -ое; -ые Lieblings-, beliebt 3 А
люби́ть *что? mit Akk. oder mit Inf.* lieben, gern haben, mögen 2 А
(ты) **лю́бишь** du liebst, magst, hast gern С 6
(я) **люблю́** ich mag, habe gern, liebe С 6

М

магази́н Geschäft, Laden 1 Б
макаро́ны *Pl.* Makkaroni Wt 2 Г
ма́ленький, -ая, -ое; -ие klein 3 А
ма́ма Mama, Mutti С 1
ма́ркер Marker Wt С 1
маршру́тка *ugs.* маршру́тное такси́ Kleinbus-Sammeltaxi 3 В
матрёшка Matrjoschka Wt С 4, 3 Г
маши́на *ugs.* Auto Wt С 3, 1 В
мел Kreide С 7
Меня́ зову́т ... Ich heiße... *wörtlich:* Man nennt oder ruft mich. С 3
ме́сто; *Pl.* места́ Ort, Platz 3 А
ме́тал Heavy Metal *(Musikrichtung)* Wt 2 А
метро́ *s., unveränd.* Metro, U-Bahn 3 В
микроволно́вка *ugs.* (микроволно́вая печь) Mikrowelle 3 Б
ми́нус minus, Minus С 4
мину́та Minute 2 Б
мир *hier:* Frieden 3 А
Мне ... лет. Ich bin ... Jahre alt. С 4
моби́льник *ugs.* Handy 1 В
мо́жно man kann, es ist möglich 3 В
мой, моя́, моё; мои́ mein(e) 1 А
молоко́ Milch С 6
моро́женое *s.* Speiseeis 3 Г
Москва́ Moskau С 1
москви́ч *Pl.* москвичи́; **москви́чка** Moskauer(in) 3 В
моя́ фами́лия mein Familienname С 3
музе́й *m.*; *Pl.* музе́и Museum 1 Б
му́зыка Musik 2 А
музыка́льный центр Hi-Fi-Anlage 3 Б
мы wir 1 А
мышь *w.* Maus 1 В
мю́сли *unveränd.* Müsli Wt 2 Г
мя́со Fleisch С 6

Н

на 1. auf, an, in *örtlich mit Präp.* 1 Б, 3 А
2. zum *mit Akk. (z. B. zum Frühstück)* 2 Г
3. mit *mit Präp. (Transportmittel)* 3 В
На, возьми́! *ugs.* Da! Nimm. Da hast du. С 7

на втором этаже im 1. Stock, in der 1. Etage 3 Б
на завтрак zum Frühstück 2 Г
налево *куда?* nach links 3 В
на обед zum Mittagessen 2 Г
на первом этаже im Erdgeschoss, Parterre 3 Б
направо *куда?* nach rechts 3 В
на ужин zum Abendbrot 2 Г
(он, она, оно) **находится** *где?* в *mit Präp.* (er, sie, es) befindet sich (wo?) 3 А
(они) **находятся** *где?* в *mit Präp.* (sie) befinden sich (wo?) 3 А
наш, наша, наше; наши unser 3 Б
не nicht C 2
(я) **не понял(а)** Ich habe nicht (richtig) verstanden. C 3
небольшой, -ая, -ое; -ие nicht groß, klein 3 А
недалеко от *mit Gen.* nicht weit von 3 А
Не за что. Bitte schön. Keine Ursache. C 7
Незнайка Nesnaika C 2
немецкий, -ая, -ое; -ие deutsch 3 Г
немного etwas, ein wenig C 5
нет nein C 2
нет *кого? чего? mit Gen.* es gibt nicht; keinen, kein(e) haben; etw. oder jmd. ist nicht (da) 1 В
ничего *ugs. hier:* es geht, ganz gut 1 Г
но …, aber… 3 Б
новый, -ая, -ое; -ые neu 3 А
ножницы *nur Pl.* Schere C 7
ноль *m.* null, Null C 4
номер телефона Telefonnummer 1 Г
нормально *ugs.* normal, nichts Besonderes, es geht 1 Г
(он, она, оно) мне **нравится** (er, sie, es) gefällt mir 3 Г
(они) мне **нравятся** (sie) gefallen mir 3 Г
Ну что ты! *ugs.* Ach was! I wo! 2 Б

О

обед Mittagessen 2 Б
обедать zu Mittag essen 2 Б
объект Objekt Wt C 4
обычно gewöhnlich, normalerweise, meistens 2 Б
один, одна eins C 4
одиннадцать elf C 4
озеро; *Pl.* озёра der See 1 Б
о'кей o.k. (okay) Wt 1 Г
он er 1 А
она sie 1 А
оно es 1 А
они sie (*Pl.*) 1 А
опера Oper Wt C 1
особенно besonders 2 А
остановка Haltestelle 3 В
ответ Antwort 1 А
открытка Ansichtskarte; Postkarte 3 Г
откуда? woher? C 5
отсюда *откуда?* von hier aus 3 В
офис Büro Wt C 8
очень sehr 1 Г

П

панк-рок Punk Rock Wt 2 А
папа *m.* Papa, Vati C 1
папка Hefter, Ordner C 7
парк Park C 1
пельмени *Pl.; Sg.* пельмень *m.* Pelmeni *(typisches russisches Gericht)* C 6
первый, -ая, -ое; -ые der (die, das; die) erste(n) 3 Б
передай привет *кому? mit Dat.* übermittle, richte einen Gruß aus 1 Г
передам (привет) ich übermittle, richte *(einen Gruß)* aus *(werde es tun)* 1 Г
песни Lieder C 8
пешком zu Fuß 3 В
пианино *unveränd.* Piano, Klavier Wt 2 А
пирожки *Pl.; Sg.* пирожок Piroggen C 6
письменный стол Schreibtisch 3 Б
письмо; *Pl.* письма Brief 1 А
пить *что? mit Akk.* trinken 2 Г
пицца Pizza C 6
платок; *Pl.* платки Tuch 3 Г
плеер (MP3-)Player 1 В
плохо schlecht 1 Г
площадь *w.* Platz 3 А
плюс plus, Plus C 4
по-английски englisch, auf Englisch C 5
Повтори(те), пожалуйста! Wiederhole (Wiederholt, Wiederholen Sie), bitte. 1 Б
подвал Keller 3 Б
поднос Tablett 3 Г
подруга Freundin 1 А
пожалуйста bitte C 7
по-итальянски italienisch, auf Italienisch Wt C 5
Пока! *ugs.* Tschüss! Mach's gut! Bis später! C 2
Покажи(те)! *что? mit Akk.* Zeige! Zeigen Sie! Zeigt! 3 Г
полка Regal 3 Б
по-немецки deutsch, auf Deutsch C 5
Понятно. *ugs* (Alles) klar. 2 В
поп-музыка Popmusik Wt 2 А
по-польски polnisch, auf Polnisch Wt C 5
попробуй ещё *что? mit Akk.* koste (noch) 2 Г
попугай Papagei 1 В
по-русски russisch, auf Russisch C 5
после *mit Gen.* nach 2 Б
постер Poster Wt C 7
посудомойка *ugs.* (посудомоечная машина) Geschirrspüler 3 Б
по телевизору *ugs.* im Fernsehen 2 В
потом dann, danach, anschließend 2 Б
по-французски französisch, auf Französisch Wt C 5
почта Post, Postamt 1 Б
по-японски japanisch, auf Japanisch Wt C 5
правильно richtig 1 Г
президент Präsident Wt C 8
Привет! Grüß dich! Hallo! C 2
прихожая *w.; где?* в прихожей (комнате) Flur, Diele 3 Б
Приятного аппетита! Guten Appetit! 2 Г
продавец; *Pl.* продавцы Verkäufer 3 Г
продавщица Verkäuferin 3 Г
проспект Prospekt *(breite gerade Straße)*, Avenue 3 В
просто einfach 1 Г
профессор Professor Wt C 8
прямо *куда?* gerade; geradeaus 3 В
пюре *s. unveränd.* Püree, Brei Wt 2 Г
пятнадцать fünfzehn C 4
пять fünf C 4
пятьдесят fünfzig 2 Б

Р

радио *s., unveränd.* Radio 1 В
ребята *ugs. Pl.* 1. Kinder, Jugendliche *2. Anrede unter Jugendlichen: „Leute"* 2 А
река; *Pl.* реки Fluss 3 А
ресторан Restaurant, Gaststätte Wt C 3, 1 Б
рис Reis 2 Г
рисовать zeichnen, malen 2 А
ровно genau, Punkt (… Uhr) 2 Б
родители *Pl.* Eltern 1 А
родной, -ая, -ое; -ые Heimat-, heimatlich 3 А
рок-музыка Rockmusik 2 А
Россия Russland C 5
ролики *Pl. ugs.* Rollschuhe, Inliner … 2 А
рубль *m.; Pl.* рубли Rubel 3 Г
русский, -ая, -ое; -ие russisch 3 Г
ручка Kugelschreiber, Füller C 7
рыба Fisch C 6
рэп Rap (*Musikrichtung*) Wt 2 А
рюкзак; *Pl.* рюкзаки Rucksack C 7

С

с *кем? mit Instr.* mit 2 А
салат Salat C 6
самовар Samowar C 1
север; *где?* на севере Norden 3 А
сегодня heute 2 В
сейчас jetzt 2 Б
семнадцать siebzehn C 4
семь sieben C 4
семьдесят siebzig 2 Б
семья Familie 1 А
Серьёзно? *ugs.* Ernsthaft? Wirklich? Echt? 2 В
сестра; *Pl.* сёстры Schwester 1 А
сидеть в Интернете *ugs.* im Internet sein, surfen 2 А
сидеть в чате *ugs.* sich im Internet mit jmdn. unterhalten, im Chat sein, chatten *(ugs.)* 2 А
Скажи(те)! Sage … (Sagen Sie …, sagt …) 3 В
скейтборд Skateboard 2 А
с кем? mit wem? 2 А
сколько? wie viel? C 4
Сколько будет …? Wie viel sind …? C 4

Ско́лько (сейча́с) вре́мени? Wie spät ist es? 2Б

Ско́лько тебе́ лет? Wie alt bist du? C4

скри́пка Geige 2А

ску́чно langweilig 2Б

слу́шать *что? mit Akk.* hören, zuhören 2А

смотре́ть *что? mit Akk.* sehen, schauen 2А

смотре́ть телеви́зор fernsehen 2А

снача́ла zuerst, zunächst 2Б

соба́ка Hund 1В

собо́р Dom, Kathedrale 1Б

со́бственный, -ая, -ое; -ые eigen, Eigentum, Eigen-(heim) 3Б

сок Saft C6

соля́нка Soljanka Wt 2Г

со́рок vierzig 2Б

соси́ски *Pl.; Sg.* соси́ска Würstchen 2Г

спаге́тти *s. und Pl. unveränd.* Spagetti Wt C6

спа́льня *w.; где?* в спа́льне Schlafzimmer 3Б

спаси́бо danke C7

спорт Sport C6

спортза́л Sporthalle, Turnhalle 1Б

стадио́н Stadion 1Б

ста́нция Station 3В

старт Start Wt C1

ста́рый, -ая, -ое; -ые alt 3А

сте́нка *ugs.* Schrankwand 3Б

сте́реоаппарату́ра Stereoanlage 3Б

стира́льная маши́на Waschmaschine 3Б

сто hundert 2Б

(он, она́, оно́) **сто́ит** (er, sie, es) kostet 3Г

(они́) **сто́ят** (sie) kosten 3Г

стол; *Pl.* столы́ Tisch C7

сто́лик kleiner Tisch 3Б

столо́вая *w.; где?* в столо́вой (ко́мнате) Esszimmer 3Б

стоя́нка такси́ Taxistand 3В

стритбо́л Streetball Wt C6

студе́нт Student 1А

студе́нтка Studentin 1А

стул; *Pl.* сту́лья Stuhl C7

субъе́кт Subjekt Wt C4

сувени́р Souvenir Wt 3Г

С удово́льствием! Gern. Mit Vergnügen! 2Г

су́мка Tasche C7

суп; *Pl.* супы́ Suppe C6

Су́пер! Super! Wt 1Г

суперма́ркет Supermarkt 3В

(я) **сыт** (сыта́) Ich bin satt. 2Г

Т

табуре́т(ка) Hocker 3Б

такси́ *s., unveränd.* Taxi 1Б

такт Takt Wt C1

там dort 2Б

танцева́ть tanzen 2А

твой, твоя́, твоё; твои́ dein(e) 1А

твоя́ фами́лия dein Familienname C3

теа́тр Theater 1Б

(те́кст)ма́ркер (Text)Marker Wt C1

телеба́шня *w.* Fernsehturm 3В

телеви́зор Fernseher C7

телефо́н Telefon Wt C3

те́ма Thema Wt C1

те́ннис Tennis Wt C6, 2А

терра́са Terrasse Wt 3Б

тетра́дь *w.* Heft C7

тётя Tante 1А

те́хника Technik Wt C3

тигр Tiger Wt 1Б

то́же auch C4

то́лько nur 1В

торт Torte C6

трамва́й Straßenbahn 3В

тре́нер Trainer(in) Wt 1Б

Третьяко́вская галере́я; Третьяко́вка *ugs.* Tretjakow-Galerie 3В

три drei C4

три́дцать dreißig 2Б

трина́дцать dreizehn C4

тролле́йбус Obus 3В

труба́; *Pl.* тру́бы Trompete 2А

туале́т Toilette, WC Wt 3Б

туда́ dorthin 3В

тури́ст Tourist Wt 1Б

ты du C3

ты **говори́шь** du sprichst C5

ты **лю́бишь** du magst, hast gern, liebst C6

У

у *кого́? mit Gen.* 1. jmd. hat etw. oder jmdn. 1В
2. bei … (sein) 2В

уже́ schon, bereits C4

у́жин Abendbrot 2Б

у́жинать Abendbrot essen 2Б

у́лица Straße 3А

университе́т Universität 1Б

уро́к Unterrichtseinheit *(im Lehrbuch)* 1А

уро́ки *Pl.* Hausaufgaben 2А

у́тром *когда́?* am Morgen, morgens 2Б

учени́к Schüler C7

учени́ца Schülerin C7

ую́тный, -ая, -ое; -ые gemütlich 3Б

Ф

факт Fakt, Tatsache Wt C3

фами́лия Familien-, Zu-, Nachname C3

фа́нта Fanta Wt 3Г

фестива́ль *m.* Festival Wt 1Б

фи́рма Firma Wt C8

фле́йта Flöte Wt 2А

флома́стер Filzstift C7

фотографи́ровать fotografieren 2А

фру́кты *Pl.; Sg.* фрукт Früchte, Obst C6

футбо́л Fußball *(Spiel)* 2А

фэ́нтези *s., unveränd.* Fantasy 2А

Х

хард-ро́к Hard Rock *(Musikrichtung)* Wt 2А

хип-хо́п Hip Hop *(Musikrichtung)* Wt 2А

хлеб Brot C6

хо́бби *s., unveränd.* Hobby Wt C4, 2

хокке́й (Eis-)Hockey Wt 2А

холоди́льник Kühlschrank 3Б

хомя́к, *Pl.* хомяки́ Hamster 1В

хорошо́ gut 1Г

хоте́ть *mit Inf.* wollen, mögen 2Г
(я) хочу́, (ты) хо́чешь

Ц

цветы́ *Pl.; Sg.* цвето́к Blumen, Grünpflanzen 3Б

цент Cent 3Г

центр Zentrum, (Stadt-)mitte Wt C4, 3А

центра́льный, -ая, -ое; -ые zentral, Zentral- 3А

цирк Zirkus 1Б

Ч

чай *m.* Tee C6

час; *Pl.* часы́ Stunde 2Б

ча́сто oft 2В

чемпио́н Champion Wt C4

черда́к; *Pl.* чердаки́ Dachboden 3Б

черепа́ха Schildkröte 1В

четы́ре vier C4

четы́рнадцать vierzehn C4

чита́ть *что? mit Akk.* lesen 2А

что? was? C6

Ш

ша́пка Pelzmütze 3Г

ша́хматы *nur Pl.* Schach 2А

шестна́дцать sechzehn C4

шесть sechs C4

шестьдеся́т sechzig 2Б

шеф Chef Wt C3

шкату́лка Schatulle, Lackdose, *(Schmuckkästchen)* 3Г

шкаф; *Pl.* шкафы́; *где?* в (на) шкафу́ Schrank 3Б

шко́ла Schule 1Б

шокола́д Schokolade Wt C6

Щ

щётка Bürste C4

щи *nur Pl.* Schtschi *(Weißkohl- oder Sauerampfersuppe)* C4

Э

э́кспорт Export, Einfuhr Wt C3

электроплита́; *Pl.* электропли́ты Elektroherd 3Б

эта́ж; *Pl.* этажи́ Etage, Stock 3Б

э́то das (ist, sind) C2

э́тот, э́та, э́то; э́ти dieser diese, dieses; diese 3Г

Ю

юг; *где?* на ю́ге Süden 3А

Я

я ich C2

Я бо́льше не могу́! Ich kann nicht mehr. 2Г

Я не по́нял. (Я не поняла́.) Ich habe nicht (richtig) verstanden. C3

Alphabetisches Wörterverzeichnis (Deutsch-Russisch)

A

Abendbrot у́жин 2Б
Abendbrot essen у́жинать 2Б
abends ве́чером 2Б
aber а C2
…, aber … но 3Б
Ach was! I wo! Ну что́ ты! *ugs.* 2Б
acht во́семь C4
achtzehn восемна́дцать C4
achtzig во́семьдесят 2Б
Akkordeon аккордео́н Wt 2A
Alle Achtung! Вот э́то да! *ugs.* 1Б
alles всё 1Г
(Alles) klar. Поня́тно. *ugs.* 2В
Alphabet алфави́т C1
alt ста́рый, -ая, -ое; -ые 3А
am Abend ве́чером 2Б
am Morgen у́тром 2Б
am Tag днём 2Б
Ananas анана́с Wt C1
Anbauwand го́рка 3Б
anschließend потóм 2Б
Ansichtskarte откры́тка 3Г
Antwort отве́т 1А
Apotheke апте́ка Wt C3, 3В
Aquarium аква́риум Wt C8
Arbeitszimmer кабине́т Wt 1Д, 3Б
Athlet атле́т Wt C8
auch то́же C4
auf Deutsch по-неме́цки C5
auf Englisch по-англи́йски C5
auf Französisch по-францу́зски Wt C5
auf Italienisch по-италья́нски Wt C5
auf Japanisch по-япо́нски Wt C5
auf Polnisch по-по́льски Wt C5
auf Russisch по-ру́сски C5
Auf Wiedersehen! До свида́ния! C2
auf, an, in (örtlich), **mit** *(Transportmittel)* на 1Б, 3А, 3В
aus Deutschland из Герма́нии C5
aus Russland из Росси́и C5
Auto маши́на *ugs.* Wt C3, 1В
Autobus авто́бус C1

B

Badezimmer ва́нная *w.* 3Б
Badminton бадминто́н Wt 2A
Baguette баге́т Wt 2Г
Bahnhof вокза́л 3В
Balkon балко́н Wt 3Б
Banane бана́н Wt C1
Bank *(Geldinstitution)* банк 3А
Bankautomat банкома́т Wt C1
Bar бар Wt C3
Baseball бейсбо́л Wt 2A
Basketball баскетбо́л Wt C6, 2A
(er, sie, es) **befindet sich** *(wo?)* (он, она́, оно́) **нахо́дится**
(sie) **befinden sich** *(wo?)* (они́) **нахо́дятся** в *mit Präp.* 3А
bei … (sein) **у** *кого́?* mit Gen. 1В, 2В
belegtes Brot (Brötchen), belegte Schnitte бутербро́д Wt C6
beliebt люби́мый, -ая, -ое; -ые 3А
bereits, schon **уже́** C4
sich auf etwas **bewegen,** fahren, laufen **ката́ться на** *mit Präp.*
besonders осо́бенно 2А
Bibliothek библиоте́ка 1Б
Bild карти́на 3Б
bis (hin) **до** *(örtl.) mit Gen.* 3В
Bis später! Пока́! *ugs.* C2
Bistro бистро́; **буфе́т** Wt C8, 2Г
bitte пожа́луйста C7
Bitte schön. Keine Ursache. **Не́ за что.** C7
Bleistift каранда́ш; *Pl.* карандаши́ C7
Blues *(Musikrichtung)* блюз Wt 2A
Blumen цветы́ *Pl.*; *Sg.* цвето́к 3Б
Bolschoi-Theater Большо́й теа́тр 3В
Borschtsch *(Suppe aus Weißkohl und roten Rüben)* борщ C6
Botanischer Garten Ботани́ческий сад 3В
Boxen, Boxsport бокс Wt C6
Brei пюре́ *s. unveränd.* Wt 2Г
Brief письмо́; *Pl.* пи́сьма 1А
Brot хлеб C6
Brötchen бу́лочки *Pl.*; *Sg.* бу́лочка C6
Bruder брат; *Pl.* бра́тья 1А
Buch кни́га C7
Buletten, Klopse, Frikadellen котле́ты *Pl.*; *Sg.* котле́та 2Г
Büro бюро́ *unveränd.*, о́фис Wt C3
Bürste щётка C4
Bus авто́бус C1

C

Café кафе́ *s., unveränd.* 1Б
Cent цент 3Г
Champion чемпио́н Wt C4
chatten *ugs.*, im Chat sein *(sich im Internet mit jmdn. unterhalten)* **сиде́ть в ча́те** *ugs.* 2А
Chef шеф Wt C3
(Coca-)Cola ко́ла *ugs.*, ко́ка-ко́ла C6
Collie *(schottischer Schäferhund)* ко́лли Wt 1Г
Computer компью́тер C7
Computertisch компью́терный стол 3Б
Couch дива́н 1Б
Couchtisch журна́льный сто́лик 3Б

D

da (ist, sind) **вот** C2
Da hast du. Da! Nimm. На, возьми́! *ugs.* C7
Dachboden черда́к; Pl. чердаки́ 3Б
danke спаси́бо C7
dann, danach пото́м 2Б
das (ist, sind) э́то C2
dein(e) твой, твоя́, твоё; твои́ 1А
der (die, das; die) **erste(n) пе́рвый,** -ая, -ое; -ые 3Б
der (die, das; die) **zweite(n) второ́й,** -а́я, -о́е; -ы́е 3Б
deutsch неме́цкий, -ая, -ое; -ие 3Г
deutsch, auf Deutsch **по-неме́цки** C5
Deutschland Герма́ния C5
Diele прихо́жая *w.* 3Б
dieser, diese, dieses; diese **э́тот,** э́та, э́то; э́ти 3Г
Diskothek дискоте́ка 1Б
Dom, Kathedrale собо́р 1Б
Dorf дере́вня *w.* 3А
dort там 2Б
dorthin туда́ 3В
drei три C4
dreißig три́дцать 2Б
dreizehn трина́дцать C4
du ты C3
DVD-Player DVD-пле́ер Wt 3Б

E

Echt? Ernsthaft? Wirklich? **Серьёзно?** *ugs.* 2В
eigen, Eigen- со́бственный, -ая, -ое; -ые 3Б
ein wenig, etwas **немно́го** C5
einfach про́сто 1Г
eins оди́н C4
Einverstanden! Ла́дно. *ugs.* 1Б
Eis (Speiseeis) моро́женое 3Г
Eishockey хокке́й Wt 2A
Elektroherd электроплита́ *Pl.* электропли́ты 3Б
elf оди́ннадцать C4
Eltern роди́тели *Pl.* 1А
englisch, auf Englisch по-англи́йски C5
Entschuldigung! Entschuldige(n Sie)! Entschuldigt! **Извини́(те)!** 1Г
er он 1А
Er heißt … Его́ зову́т … 1А
Ernsthaft? Wirklich? Echt? **Серьёзно?** *ugs.* 2В
es оно́ 1А
es geht, normal **норма́льно** *ugs.* 1Г
es geht, ganz gut **ничего́** *ugs.* 1Г
es gibt, es ist vorhanden **есть** *mit Nom.* 1Б
es gibt nicht нет *mit Gen.* 1В
es hat gut geschmeckt всё бы́ло о́чень вку́сно 2Г
es ist möglich мо́жно 3В
essen есть *что? mit Akk.* 2Г
Esszimmer столо́вая *w.*; в столо́вой (ко́мнате) 3Б
Etage, Stock **эта́ж**; *Pl.* этажи́; in der 1. **Etage,** im 1. Stock **на второ́м этаже́** 3Б
etw. oder jmd. ist nicht (da) нет *mit Gen.* 1В
etwas (nicht viel) **немно́го** C5
euer ваш, ва́ша, ва́ше; ва́ши 3Б
Euro е́вро *m. unveränd.* 3Г
Export, Ausfuhr э́кспорт Wt C3

F

fahren, sich auf etwas bewegen, fahren ката́ться на *mit Präp.* 2А
fahren (bis) zum (zur) … доéхать до *mit Gen.* 3В
Fahrrad велосипе́д 2А

Fahrstuhl лифт Wt С 3
Fakt, Tatsache факт Wt С 3
Familie **семья́** 1 А
dein, mein **Familienname** **твоя́, моя́ фами́лия** С 3
Fanta фа́нта Wt 3 Г
Fantasy фэ́нтези *s., unveränd.* 2 А
Federball бадминто́н Wt 2 А
Fernseher **телеви́зор** С 7
fernsehen **смотре́ть телеви́зор** 2 А
im Fernsehen **по телеви́зору** *ugs.* 2 В
Fernsehturm **телеба́шня** *w.* 3 В
Festival фестива́ль m. Wt 1 Б
Fichte, Tanne, Weihnachtsbaum ёлка С 4
Film **кино́** *unveränd. ugs.* 1 Б
Filmtheater, Kino **кинотеа́тр** 1 Б
Filzstift **флома́стер** С 7
Firma фи́рма Wt С 8
Fisch **ры́ба** С 6
Fleisch **мя́со** С 6
Flöte фле́йта Wt 2 А
Flur коридо́р, прихо́жая *w.* Wt 3 Б, 3 Б
Fluss **река́**; *Pl.* ре́ки 3 А
fotografieren **фотографи́ровать** 2 А
Frage **вопро́с** 3 А
französisch, auf Französisch по-францу́зски Wt С 5
Freund **друг;** *Pl.* **друзья́** 1 А
Freundin **подру́га** 1 А
Frieden **мир** 3 А
Frikadellen, Buletten, Klopse **котле́ты** *Pl.; Sg.* котле́та 2 Г
Früchte, Obst **фру́кты** *Pl.; Sg.* фрукт С 6
Frühstück **за́втрак** 2 Б
frühstücken **за́втракать** 2 Б
Füller **ру́чка** С 7
fünf **пять** С 4
fünfzehn **пятна́дцать** С 4
fünfzig **пятьдеся́т** 2 Б
Fußball *(Spiel)* **футбо́л** 2 А

G

ganz gut, es geht **ничего́** *ugs.* 1 Г
Garage **гара́ж**; *Pl.* гаражи́ 1 Б
Gasherd га́зовая плита́ 3 Б
Gaststätte **рестора́н** Wt С 3, 1 Б
gebt, geben Sie mir **да́йте мне** *mit Akk.* С 7
(er, sie, es) **gefällt mir** (он, она́, оно́) мне **нра́вится** 3 Г
(sie) **gefallen mir** (они́) мне **нра́вятся** 3 Г
Geh! Gehen Sie! Geht! **Иди́(те)!** 3 В
gehen (bis) zum (zur) …, zu Fuß erreichen, gelangen **дойти́ до** *mit Gen.* 3 В
Geige скри́пка 2 А
Geld **де́ньги** *Pl.* 3 Г
gemeinsam **вме́сте** 2 В
gemütlich **у́ютный,** -ая, -ое; -ые 3 Б
genau, Punkt (…Uhr) **ро́вно** 2 Б
gerade; geradeaus **пря́мо** 3 В
gern haben **люби́ть** *mit Akk. oder mit Inf.* 2 А
Gern. Mit Vergnügen! **С удово́льствием!** 2 Г
Geschäft, Laden **магази́н** 1 Б
Geschirrspüler посудомо́йка *ugs.* 3 Б
gestern **вчера́** 2 В
gewöhnlich **обы́чно** 2 Б
gib mir **дай мне** *что? mit Akk.* С 7
Gitarre **гита́ра** С 4
Globus гло́бус Wt С 4
Golf *(Spiel)* гольф Wt 2 А
groß **большо́й,** -а́я, -о́е; -и́е 3 А
Großmutter **ба́бушка** С 3
Großvater **де́душка** *m.* С 4
Grünpflanzen цветы́ *Pl.; Sg.* цвето́к 3 Б
Grüß dich! **Приве́т!** С 2
GUM ГУМ 3 В
gut **хорошо́** 1 Г
(Nun) **Gut!** **Ла́дно.** *ugs.* 1 Б
Guten Abend! **До́брый ве́чер!** 2 Б
Guten Appetit! **Прия́тного аппети́та!** 2 Г
Guten Morgen! **До́брое у́тро!** 2 Б
Guten Tag! **Здра́вствуй! Здра́вствуйте!** **До́брый день!** С 2, С 3, 2Б

H

haben (ich habe, du hast, wir haben, ihr habt) **у меня́ , у тебя́, у нас, у вас есть** 1 В
ich **habe gern** (я) **люблю́** С 6
Hallo! **Приве́т! Алло́!** *(nur beim Telefonieren)* С 2, 1 Б
Haltestelle **остано́вка** 3В
Hamburger *(Fastfood-Essen)* га́мбургер Wt С6
Hamster хомя́к, *Pl.* хомяки́ 1В
Handball гандбо́л Wt 2А
Handy **моби́льник** *ugs.* 1В
Hard Rock *(Musikrichtung)* хард-ро́к Wt 2 А
Haus **дом**; *Pl.* дома́ 1 Б
Hausaufgaben **уро́ки** 2 А
Hausaufgaben machen **де́лать уро́ки** 2 А
Heavy Metal *(Musikrichtung)* ме́тал Wt 2 А
Heft **тетра́дь** *w.* С 7
Hefter **па́пка** С 7
Heimat-, heimatlich **родно́й**, -а́я, -о́е; -ы́е 3 А
Heimkino дома́шний кинотеа́тр 3 Б
heute **сего́дня** 2 В
hier **здесь** 3 А
Hi-Fi-Anlage музыка́льный центр 3 Б
Hip Hop *(Musikrichtung)* хип-хо́п Wt 2 А
Hobby **хо́бби** *s., unveränd.* 2
Hocker табуре́т(ка) 3 Б
Hockey хокке́й Wt 2 А
Home-Cinema дома́шний кинотеа́тр 3 Б
hören **слу́шать** *mit Akk.* 2 А
Hotel **гости́ница** 3 А
Huhn, Hühnchen **ку́рица** С 6
Hund **соба́ка** 1 В
hundert **сто** 2 Б

I

ich **я** С 2
Ich bin … Jahre alt. **Мне … лет.** С 4
Ich bin satt. (я) **сыт (сыта́)** 2 Г
Ich habe nicht (richtig) verstanden. **(я) не по́нял(а́)** С 3
Ich heiße … **Меня́ зову́т …** С 3
Ich kann nicht mehr. **Я бо́льше не могу́!** 2 Г
Igel ёж; *Pl.* ежи́ С 4
ihr **вы** 1 А
im (in dem) **в** *(räumlich) mit Präp.* С 7, 1 Б
im Erdgeschoss, im Parterre **на пе́рвом этаже́** 3 Б
im Norden, Osten, Süden, Westen **на се́вере, на восто́ке, на ю́ге, на за́паде** 3 А
Imbiss **буфе́т** 2 Г
immer **всегда́** 2 Б
in *(räumlich) mit Präp.* **в**, С 7, 1 Б
на 1 Б, 3 А
Informatikkabinett *(in der Schule)* кабине́т информа́тики 3 Б, Wt 1 Д
Inliner, Rollschuhe **ро́лики** *Pl. ugs.* 2 А
Institut институ́т Wt С8
interessant **интере́сный**, -ая, -ое; -ые 3 А
Internet **Интерне́т** 2 А
im Internet sein, surfen **сиде́ть в Интерне́те** *ugs.*
etw. oder jmd. **ist nicht (da)** **нет** *mit Gen.* 1 В
italienisch, auf Italienisch по-италья́нски Wt С5

J

ja **да** С2
Jalousie жалюзи́ *s. und Pl. unveränd.* Wt С4
japanisch, auf Japanisch по-япо́нски С5
Jazz *(Musikrichtung)* джаз Wt 2А
jetzt **сейча́с** 2Б
Jogging джо́ггинг Wt С6
Judo дзюдо́ Wt С6
Jugendliche, Kinder, Leute *(in der Anrede)* **ребя́та** *Pl.* 2 А

K

Kaffee ко́фе *m. unveränd.* Wt С 6
Kakao **кака́о** С 1
Kaktus ка́ктус Wt С 1
Kaleidoskop калейдоско́п С 8
Kalender **календа́рь** *m.; Pl.* календари́ 3 Г
Kanarienvogel канаре́йка 1 В
Kaninchen кро́лик 1 В
Karte, Landkarte ка́рта Wt С 7
Karten spielen **игра́ть в ка́рты** 2 В
Kascha (Brei) ка́ша С 6
Kasse ка́сса Wt С 1
Kater **кот**; *Pl.* коты́ С 1
Kathedrale, Dom **собо́р** 1 Б
Katze **ко́шка** 1 В
Keine Ursache. Bitte schön. **Не́ за что.** С 7

keinen, kein(e) haben нет *mit Gen.* 1 В
Keller подвал 3 Б
Keyboard киборд Wt 2 А
Kinder ребята *Pl.* 2 А
Kinderzimmer детская *w.* 3 Б
Kino кино́ *unveränd. ugs.*, **кинотеа́тр** *(Gebäude)* 1 Б
Kiosk кио́ск Wt С 3
(Alles) klar. Поня́тно. *ugs* 2 В
Klarinette кларне́т Wt 2 А
Klasse; Klassenraum класс С 7
Klavier пиани́но *unveränd.* Wt 2 А
klein ма́ленький, -ая, -ое; -ие 3 А
klein, nicht groß **небольшо́й**, -а́я, -о́е; -и́е 3 А
Kleinbus-Sammeltaxi маршру́тка *ugs.* маршру́тное такси́ 3 В
kleiner Tisch сто́лик 3 Б
Klips кли́псы *Pl.; Sg.* кли́пса 3 Г
Klopse, Buletten, Frikadellen котле́ты *Pl.; Sg.* котле́та 2 Г
Kompott компо́т 2 Г
Konditorei кафе́ *s., unveränd.* 1 Б
Konfekt конфе́ты *Pl.; Sg.* конфе́та 2 Г
(eine Art) **Konfitüre варе́нье** *s.* С 6
Konzert конце́рт Wt С 8, 1 Б
Kopeke копе́йка 3 Г
Korridor коридо́р Wt 3 Б
koste (noch) попро́буй *mit Akk.* 2 Г
(er, sie, es) **kostet** (Preis) (он, она́, оно́) **сто́ит** 3 Г
(sie) **kosten** (они́) **сто́ят** 3 Г
Kreide мел С 7
Kreml- Кремлёвский, -ая, -ое; -ие **кремлёвский**, -ая, -ое; -ие 3 А
Kreml in Moskau **Кремль** *m.* 3 А
Küche ку́хня *w.* 3 Б
Kugelschreiber ру́чка С 7
Kühlschrank холоди́льник 3 Б
Kwas(s) квас 2 Г

L

Lackdose *(Schmuckkästchen)* **шкату́лка** 3 Г
Laden, Geschäft **магази́н** 1 Б
Lampe ла́мпа Wt 3 Б
Landkarte ка́рта Wt С 7
langweilig ску́чно 2 Б
Lass uns … ! Lasst uns (Lassen Sie) uns … ! Los, …! *(Aufforderung, Vorschlag)* **дава́й(те)** *mit Inf. (uv.)* 2 А
laufen, fahren, sich auf etwas bewegen **ката́ться на** *mit Präp.* 2 А
leben жить в *mit Präp.* 3 А
lecker, schmackhaft **вку́сно** 2 Г
leider к сожале́нию 3 Б
lesen чита́ть *что? mit Akk.* 2 А
Leute *(in der Anrede Jugendlicher untereinander)* **ребя́та** *Pl.* 2 А
lieben люби́ть *что? mit Akk. oder mit Inf.* 2 А
ich **liebe,** mag (я) **люблю́** С 6
du **liebst,** magst (ты) **лю́бишь** С 6
Lieblings- люби́мый, -ая, -ое; -ые 3 А
Lieder пе́сни С 8
Liege куше́тка 3 Б
Lift, Fahrstuhl лифт Wt С 3
Limo(nade) лимона́д С 6
Lineal лине́йка С 7
Literatur литерату́ра Wt С 3
Los, …! Lasst uns …! *(Aufforderung, Vorschlag)* **дава́й(те)** *mit Inf. (uv.)* 2 А

M

Mach's gut! Пока́! *ugs.* С 2
machen де́лать *mit Akk.* 2 А
ich **mag** (я) **люблю́** С 6
Makkaroni макаро́ны Wt 2 Г
malen, zeichnen **рисова́ть** 2 А
Mama ма́ма С 1
man kann мо́жно 3 В
Matrjoschka матрёшка Wt С 4, 3 Г
Maus мышь *w.* 1 В
mein **Familienname моя́ фами́лия** С 3
mein(e) мой, моя́, моё; мои́ 1 А
meistens обы́чно 2 Б
Metro метро́ *s., unveränd.* 3 В
Mikrowelle микроволно́вка *ugs.* 3 Б
Milch молоко́ С 6
minus, Minus ми́нус С 4
Minute мину́та 2 Б
mit с *кем? mit Instr.* 2 А
mit *(Transportmittel)* **на** *mit Präp.* 3 В
Mit Vergnügen! Gern. С удово́льствием! 2 Г
mit wem? с кем? 2 А
Mittagessen обе́д 2 Б
zu **Mittag** essen **обе́дать** 2 Б
Mitte, Zentrum **центр** Wt С 4, 3 А
Möchtest du noch…? Бу́дешь ещё …? *ugs.* 2 Г
mögen, gern haben **люби́ть** *mit Akk. oder mit Inf.* 2 А
mögen, wollen **хоте́ть** *mit Inf.* 2 Г
morgens у́тром 2 Б
Moskauer(in) москви́ч; *Pl.* москвичи́, **москви́чка** 3 В
MP3-Player пле́ер 1 В
Museum музе́й *m.; Pl.* музе́и 1 Б
Musik му́зыка 2 А
Müsli мю́сли Wt 2 Г
Mutti ма́ма С 1

N

nach по́сле *mit Gen.* 2 Б
nach links нале́во 3 В
nach rechts напра́во 3 В
Nachname фами́лия С 3
natürlich коне́чно *ugs.* 3 А
ich **nehme** (я) **возьму́** *mit Akk.* 2 Г
ich **nehme** (es) (я) **беру́** *mit Akk.* 3 Г
nein нет С 2
Nesnaika Незна́йка С 2
neu но́вый, -ая, -ое; -ые 3 А
neun де́вять С 4
neunzehn девятна́дцать С 4
neunzig девяно́сто 2 Б
nicht не С 2
nicht groß, klein **небольшо́й**, -а́я, -о́е; -и́е 3 А
nicht weit von недалеко́ от *mit Gen.* 3 А
Nimm noch! Бери́ ещё! 2 Г
noch ещё С 7
Norden се́вер 3 А
normal норма́льно *ugs.* 1 Г
normalerweise обы́чно 2 Б
null, Null ноль *m.* С 4
(Nun) gut! Ла́дно. *ugs.* 1 Б
nur то́лько 1 В

O

o.k. (okay) **Ла́дно.** *ugs.*, о'ке́й 1 Б Wt 1 Г
Objekt объе́кт Wt С 4
Obst фру́кты *Pl.* С 6
Obus тролле́йбус 3 В
oder и́ли 1 А
oft ча́сто 2 В
Oma ба́бушка С 3
Onkel дя́дя *m.* 1 А
Opa де́душка *m.* С 4
Oper о́пера Wt С 1
Ordner, Hefter **па́пка** С 7
Ort ме́сто; *Pl.* места́ 3 А
Osten восто́к 3 А

P

Papa па́па *m.* С 1
Papagei попуга́й 1 В
Park парк С 1
PC-Tisch компью́терный стол 3 Б
Pelmeni *(gefüllte Teigtaschen)* **пельме́ни** *Pl.* С 6
Pelzmütze ша́пка 3 Г
Piano, Klavier пиани́но Wt 2 А
Piroggen пирожки́ *Pl.; Sg.* пирожо́к С 6
Pizza пи́цца С 6
Platz, Ort **ме́сто;** *Pl.* места́ 3 А
Platz пло́щадь *w.* 3 А
(MP3-)**Player пле́ер** 1 В
Plinsen *(Crêpes)* блины́ *Pl.* С 6
plus, Plus плюс С 4
polnisch, auf Polnisch по-по́льски Wt С 5
Pommes frites карто́фель *m.* **фри** *unveränd.* 2 Г
Popmusik поп-му́зыка Wt 2 А
Post, Postamt по́чта 1 Б
Poster по́стер Wt С 7
Postkarte откры́тка 3 Г
Pralinen конфе́ты *Pl.; Sg.* конфе́та 2 Г
Präsident президе́нт Wt С 8
Professor профе́ссор Wt С 8
Prospekt *(breite gerade Straße)* **проспе́кт** 3 В
Punk Rock *(Musikrichtung)* панк-ро́к Wt 2 А
Püree пюре́ *s. unveränd.* Wt 2 Г

R

Radiergummi ла́стик *ugs.* С 7
Radio **ра́дио** *s., unveränd.* 1 В
Rap *(Musikrichtung)* рэп Wt 2 А
Regal по́лка 3 Б
Reis рис 2 Г
Restaurant рестора́н Wt С 3, 1 Б
richte einen Gruß aus переда́й приве́т *mit Dat.* 1 Г
richtig пра́вильно 1 Г

Ring кольцо́; *Pl.* ко́льца 3Г
Rockmusik рок-му́зыка 2А
Rollschuhe **ро́лики** *Pl. ugs.* 2А
Rubel рубль *m.; Pl.* рубли́ 3Г
Rucksack рюкза́к; *Pl.* рюкзаки́ С7
russisch ру́сский, -ая, -ое; -ие 3Г
russisch, auf Russisch по-ру́сски С5
Russland Росси́я С5

S

Saft сок С6
Sage …; Sagen Sie …, sagt … Скажи́(те)! 3В
Salat сала́т С6
Samowar самова́р С1
Schach ша́хматы *nur Pl.* 2А
schade жаль 1Г
Schatulle *(Schmuckkästchen)* **шкату́лка** 3Г
schauen смотре́ть *mit Akk.* 2А
Schere но́жницы *nur Pl.* С7
Schildkröte черепа́ха 1В
Schlafcouch дива́н-крова́ть 3Б
Schlafzimmer спа́льня *w.* 3Б
schlecht пло́хо 1Г
schmackhaft, lecker **вку́сно** 2Г
Schokolade шокола́д Wt С6
schön краси́вый, -ая, -ое; -ые 3А
schon, bereits **уже́** С4
Schrank шкаф; *Pl.* шкафы́; в (на) шкафу́ 3Б
Schrankwand сте́нка *ugs.* 3Б
Schreibtisch пи́сьменный стол 3Б
Schtschi *(Weißkohl- oder Sauerampfersuppe)* щи *nur Pl.* С4
Schule шко́ла 1Б
Schüler учени́к С7
Schülerin учени́ца С7
Schwester сестра́; *Pl.* сёстры 1А
Schwimmbad, Schwimmhalle бассе́йн 1Б
sechs шесть С4
sechzehn шестна́дцать С4
sechzig шестьдеся́т 2Б
der **See о́зеро**; *Pl.* озёра 1Б
sehen смотре́ть *mit Akk.* 2А
sehr о́чень 1Г
sein быть; *Prät.* он был, она́ была́, они́ бы́ли 2В
Sessel кре́сло 1А
sicher коне́чно *ugs.* 3А
sie она́ 1А
Sie *(Höflichkeitsform)*, ihr **вы** 1А
sie *(Pl.)* **они́** 1А
Sie heißt … Её зову́т … 1А
sieben семь С4
siebzehn семна́дцать С4
siebzig се́мьдесят 2Б
Skateboard скейтбо́рд 2А
Sofa дива́н 1Б
Soljanka соля́нка Wt 2Г
Souvenir сувени́р Wt 3Г
Spagetti спаге́тти *s. und Pl. unveränd.* Wt С6
Speiseeis моро́женое *s.* 3Г
Spiegel зе́ркало; *Pl.* зеркала́ 3Б
spielen игра́ть в *mit Akk.*, на *mit Präp.* 2А
Sport спорт Wt С6
Sporthalle спортза́л 1Б
ich **spreche** (я) **говорю́** С5
du **sprichst** ты **говори́шь** С5
Stadion стадио́н 1Б
Stadt го́род; *Pl.* города́ 1Б
Stadtfestung *(in alten russischen Städten)* **кремль** *m.; Pl.* кремли́ 3А
Stadtmitte центр Wt С4, 3А
Start старт Wt С1
Station ста́нция 3В
Stereoanlage сте́реоаппарату́ра 3Б
Stock, Etage **эта́ж**; *Pl.* этажи́ 3Б
Straße у́лица 3А
Straßenbahn трамва́й *m.* 3В
Streetball стритбо́л Wt С6
Student студе́нт 1А
Studentin студе́нтка 1А
Stuhl стул; *Pl.* сту́лья С7
Stunde час; *Pl.* часы́ 2Б
Subjekt субъе́кт Wt С4
Süden юг 3А
Super! Су́пер! Wt 1Г
Supermarkt суперма́ркет 3В
Suppe суп; *Pl.* супы́ С6
surfen, im Internet sein **сиде́ть в Интерне́те** *ugs.* 2А

T

Tablett подно́с 3Г
Tafel доска́; *Pl.* до́ски С7
tagsüber днём 2Б
Takt такт Wt С1
Tante тётя 1А
tanzen танцева́ть 2А
Tasche су́мка С7
Tastatur ки́борд Wt 2А
Tatsache, Fakt факт Wt С3
Taxi такси́ *s., unveränd.* 1Б
Taxistand стоя́нка такси́ 3В
Technik те́хника Wt С3
Tee чай *m.* С6
Telefon телефо́н Wt С3
(mit jmdn.) **telefonieren говори́ть по телефо́ну** *mit Instr.* 2А
Telefonnummer но́мер телефо́на 1Г
Tennis те́ннис Wt С6, 2А
Teppich ковёр; *Pl.* ковры́ 3Б
Terrasse терра́са Wt 3Б
(Text-)Marker ма́ркер Wt С1
Theater теа́тр 1Б
Thema те́ма Wt С1
Tiger тигр Wt 1Б
Tisch стол; *Pl.* столы́ С7
kleiner **Tisch** сто́лик 3Б
Toilette, WC **туале́т** 3Б
Torte торт С6
Tourist тури́ст Wt 1Б
Trainer(in) тре́нер Wt 1Б
Treppe ле́стница 3Б
Tretjakow-Galerie Третьяко́вская галере́я, Третьяко́вка *ugs.* 3В
trinken пить *что? mit Akk.* 2Г
Trompete труба́; *Pl.* тру́бы 2А
Tschüss! Пока́! *ugs.* С2
Tuch плато́к; *Pl.* платки́ 3Г
tun де́лать *mit Akk.* 2А
Tür дверь *w.* 3Б
Turnhalle спо́ртзал 1Б

U

U-Bahn метро́ *s., unveränd.* 3В
übermittle einen Gruß переда́й приве́т *mit Dat.* 1Г
ich **übermittle, richte** *(einen Gruß)* **aus** *(werde es tun)* **переда́м** (приве́т) 1Г
um в *zeitl. mit Akk.* 2Б
und и; а С2
Universität университе́т 1Б
unser наш, на́ша, на́ше; на́ши 3Б
Unterrichtseinheit *(im Lehrbuch)* уро́к 1А

V

Vati па́па *m.* С1
Verkäufer продаве́ц; *Pl.* продавцы́ 3Г
Verkäuferin продавщи́ца 3Г
vier четы́ре С4
vierzehn четы́рнадцать С4
vierzig со́рок 2Б
Volleyball волейбо́л Wt С6, 2А
von hier aus отсю́да 3В
vorhanden sein есть 1Б
Vorname и́мя *s.; Pl.* имена́ 3А

W

wann? когда́? 2Б
was? что? С6
Waschmaschine стира́льная маши́на 3Б
Wasser вода́ *Akk.* во́ду С6
WC, Toilette **туале́т** 3Б
Weihnachtsbaum ёлка С4
Wein вино́ *s.; Pl.* ви́на Wt С6
Weißkohlsuppe, Schtschi щи *nur Pl.* С4
weit von далеко́ от *mit Gen.* 3А
wer? кто? С2
Westen за́пад 3А
Wie alt bist du? Ско́лько тебе́ лет? С4
Wie geht es? Как дела́? 1Г
Wie heißt deutsch …? Как по-неме́цки …? С5
Wie heißt du? Как тебя́ зову́т? С3
Wie heißt russisch …? Как по-ру́сски …? С5
Wie spät ist es? Кото́рый час? Ско́лько (сейча́с) вре́мени? 2Б
wie? как? С3
wie viel? ско́лько? С4
Wie viel sind …? Ско́лько бу́дет …? С4
Wiederhole (Wiederholt, Wiederholen Sie), bitte. Повтори́(те), пожа́луйста. 1Б
wir мы 1А
Wirklich? Echt? **Серьёзно?** *ugs.* 2В
wo? где? 1Б
woher? отку́да? С5
wohnen жить в *mit Präp.* 3А
Wohnung кварти́ра 3Б
Wohnzimmer гости́ная *w.* 3Б
wollen, mögen хоте́ть *mit Inf.* 2Г
Würstchen соси́ски *Pl.; Sg.* соси́ска 2Г

Z

zehn **де́сять** C 4
zeichnen **рисова́ть** 2 A
Zeige! Zeigen Sie! Zeigt! **Покажи(те)!** *mit Akk.* 3 Г
Zeitschrift **журна́л** C 4
zentral, Zentral- **центра́льный**, -ая, -ое; -ые 3 A
Zentrum **центр** Wt C 4, 3 A
Zimmer **ко́мната** 3 Б
Zirkus **цирк** 1 Б
Zoo, Zoologischer Garten **зоопа́рк** 1 Б
zu Fuß **пешко́м** 3 В
zu Fuß erreichen, gelangen, gehen (bis) zum (zur) … **дойти́ до** *mit Gen.* 3 В
zu Haus(e) **до́ма** 1 Б
zu Mittag essen **обе́дать** 2 Б
zuerst, zunächst **снача́ла** 2 Б
zuhören **слу́шать** *mit Akk.* 2 A
zum Abendbrot, Frühstück, Mittagessen **на у́жин, на за́втрак, на обе́д** 2 Г
Zuname **фами́лия** C 3
zusammen **вме́сте** 2 В
zwanzig **два́дцать** 2 Б
zwei **два** C 4
zwölf **двена́дцать** C 4

Diese Zahlen hast du schon kennen gelernt.

0	ноль						
1	оди́н	11	оди́ннадцать			21	два́дцать оди́н
2	два	12	двена́дцать	20	два́дцать	32	три́дцать два
3	три	13	трина́дцать	30	три́дцать	43	со́рок три
4	четы́ре	14	четы́рнадцать	40	со́рок	54	пятьдеся́т четы́ре
5	пять	15	пятна́дцать	50	пятьдеся́т	65	шестьдеся́т пять
6	шесть	16	шестна́дцать	60	шестьдеся́т	76	се́мьдесят шесть
7	семь	17	семна́дцать	70	се́мьдесят	87	во́семьдесят семь
8	во́семь	18	восемна́дцать	80	во́семьдесят	98	девяно́сто во́семь
9	де́вять	19	девятна́дцать	90	девяно́сто		
10	де́сять			100	сто		

Du bist kein Anfänger beim Lernen einer Fremdsprache. Das ist sehr hilfreich. Die Lerntechniken, die du bereits für Deutsch, Englisch oder eine andere Fremdsprache kennen gelernt hast und nutzt, kannst du auch auf die russische Sprache anwenden. Hier sind diejenigen aufgeführt, die wichtig sind, wenn du mit dem Russischlernen beginnst.

L1 Vokabeln lernen ↗C1

- Überlege, wie du dir z. B. englische Vokabeln erfolgreich einprägst. Nutze diese Vorgehensweise auch für Russisch.
- Arbeite mit dem Lektionswörterverzeichnis. Lies die neuen Wörter laut. Schreibe sie in dein Vokabelheft, z. B. als russisch-deutsche Vokabelgleichung, als thematisches Wortfeld (network). Lies auch laut die Beispiele in der rechten Spalte.
- Schreibe für das neue Wort einen Beispielsatz oder eine Beispielwortgruppe auf.
- Bau dir selbst Eselsbrücken, indem du z. B. für das russische Wort nach Ähnlichkeiten in Schrift und Klang mit dem Deutschen oder dem Englischen suchst.

L2 Unbekannte Wörter erschließen ↗C6

Es gibt viele Tricks, die dir helfen, unbekannte Wörter zu erschließen:

- Vergleiche zunächst das Wort immer mit deiner Muttersprache und mit Englisch oder anderen Fremdsprachen, die du bereits kennst. Suche dabei nach Ähnlichkeiten im Schrift- oder Klangbild.
- Auch Internationalismen helfen beim Erschließen der Bedeutung.
- Oftmals ist auch die Situation oder der Sinnzusammenhang, in dem das Wort vorkommt, hilfreich für das Verstehen.
- Auch Fotos und Illustrationen sind oft eine große Hilfe.
- Achte beim Erschließen unbekannter Wörter auch auf deren grammatische Besonderheiten, wie z. B. die Wortart, die Bestandteile des Wortes, seine Stellung im Satz.

L3 Sprachvergleiche für das Verstehen nutzen ↗C3, C4

Nicht alle Sprachen kannst du in der Schule lernen. Deine Kenntnisse in Deutsch, Englisch und Russisch helfen dir aber, andere verwandte Sprachen ein wenig zu verstehen. Das Russische gehört zur Familie der slawischen Sprachen. Dazu zählen z. B. Bulgarisch, Ukrainisch, Kroatisch, Polnisch, Tschechisch. Russisch als größte slawische Sprache kann dir sehr gut eine Brücke zu den anderen slawischen Sprachen bauen. Diese verwandten Sprachen haben viele Gemeinsamkeiten oder Ähnlichkeiten im Schrift- und Klangbild sowie in der Grammatik. Wenn du also Wörtern in anderen slawischen Sprachen begegnest, nutze immer deine Russischkenntnisse und suche nach Bekanntem.

L4 Das alphabetische Wörterverzeichnis als Hilfe nutzen ↗3Б

Das russisch-deutsche und das deutsch-russische Wörterverzeichnis enthalten alle Wörter, die im Lehrbuch vorkommen. Sie sind wie ein Wörterbuch aufgebaut. Die Wörter erscheinen in alphabetischer Reihenfolge in ihrer Grundform, also Substantive im Nominativ (1. Fall), Verben im Infinitiv. Zusätzlich ist der Lektionsabschnitt angegeben, in dem das Wort erstmals auftritt.

- Du musst vor allem das Alphabet beherrschen, um ein Wort zu finden.
- Das alphabetische Wörterverzeichnis enthält auch einige grammatische Hinweise. Die dafür verwendeten Abkürzungen musst du kennen.

L5 Strukturvergleiche für das Verstehen nutzen ↗C2

Deine Grammatikkenntnisse in Deutsch und Englisch können dir beim Erlernen der russischen Sprache helfen. Alles, was du bereits über Wortarten, die Bestandteile eines Wortes, seine Stellung im Satz oder in der Frage weißt, kannst du auch im Russischen nutzen.

L6 Grammatische Regeln verstehen ↗1B

Damit du die russische Sprache verstehen und dich mit ihrer Hilfe verständigen kannst, musst du auch etwas von ihrer Struktur, ihrem Aufbau wissen. Du musst wissen, wie man z. B. aus Wörtern Sätze oder Fragen bildet. Zum Glück hat die russische Sprache viele grammatische Gemeinsamkeiten mit den anderen europäischen Sprachen, aber sie hat auch Besonderheiten.
In deiner Schülergrammatik im Arbeitsheft sind die für dich wichtigen Regeln zusammengefasst und erklärt.

- Lies zunächst die Beispiele und die Merksätze genau durch.
- Markiere das, was wichtig ist, was du dir merken willst.
- Versuche dann die Regel mit eigenen Worten zu erklären.
- Vergleiche dabei auch mit Deutsch und mit Englisch.
- Schreibe unbedingt eigene russische Beispiele auf.

Grammatische Erläuterungen verwenden eine Fachsprache. Diese kennst du aus dem Deutschunterricht. Du brauchst die Fachwörter auch, um die Angaben in einem Wörterbuch zu verstehen.

- Kontrolliere dich selbst, ob du die lateinischen Fachbegriffe, z. B. Nominativ, Personalpronomen, Plural verstehst.

L7 Details oder den wesentlichen Inhalt beim Hören verstehen ↗2A

- Schau dir die Aufgabenstellung genau an. Ist der Hörauftrag für dich klar? Stelle fest, ob du den wesentlichen Inhalt oder Details verstehen sollst.
- Stelle Vermutungen zum Inhalt an.
- Höre konzentriert zu.
- Achte auf Wörter, die du schon einmal gehört hast oder die ähnlich klingen wie im Deutschen oder im Englischen.
- Bleibe ruhig, wenn du nicht alle Wörter verstehst.
- Versuche auch, aus dem Sinnzusammenhang zu kombinieren.
- Nutze akustische Signale der Sprecher (z. B. das Anheben der Stimme, lauteres Sprechen) und Geräusche.
- Mach dir Notizen entsprechend der Höraufgabe.

L8 Verstehenslücken ausgleichen/Sprechpausen vermeiden ↗1Г

Sprechen

Wenn du im Gespräch etwas nicht verstanden hast, dann
- teile dies deinem Gesprächspartner mit «Я не по́нял. (Я не поняла́.)»,
- bitte ihn zu wiederholen «Повтори́, пожа́луйста.» oder
- frage noch einmal nach, z. B. «Где ты живёшь?» «Ско́лько тебе́ лет?» «Где Бори́с?»
- Vermeide Sprechpausen.
- Nutze deine Mimik.
- Verwende „Pausenfüller“ wie «Ну, .../Ну, да/вот. /Хм. /Ла́дно.»

L9 Etwas sinngemäß ins Russische übertragen ↗3Г

Sprach-mittlung

- Vereinfache das, was du in deiner Muttersprache sagen willst. Nutze den Wortschatz, der dir in russischer Sprache zur Verfügung steht. Verwende dabei auch Internationalismen.
- Nutze Synonyme (Wörter mit gleicher oder ähnlicher Bedeutung), z. B. Vater (оте́ц) = Papa (па́па).
- Umschreibe mit verneinten Antonymen (Wörter, die das Gegenteil ausdrücken), z. B. ма́ленький = небольшо́й.
- Umschreibe ein Wort, das du nicht kennst oder das dir nicht einfällt, z. B. роди́тели = ма́ма и па́па.
- Stelle die Wortbedeutung für den Gesprächspartner zeichnerisch dar.
- Nutze Mimik und Gestik.

L10 Interkulturelle Vergleiche für das Verstehen nutzen ↗2Г

Sozio-kulturelles

Mit einer Sprache lernst du auch immer eine Kultur kennen. Dabei erfährst du viel über die Menschen und das Land, in dem die Sprache als Muttersprache verwendet wird. Du wirst feststellen, dass es sowohl Gemeinsamkeiten als auch Unterschiede gibt, z. B. bei Mimik, Gestik, Einstellungen und Verhaltensweisen. Gemeinsamkeiten, Ähnlichkeiten und Unterschiede findest du durch Vergleiche mit deiner Kultur heraus. Begegne der anderen Kultur bei diesem Vergleich mit Offenheit und bewerte die Unterschiede nicht aus deiner Sicht. Missverständnisse kannst du vermeiden, wenn du versuchst, die Besonderheiten der anderen Kultur herauszufinden und zu beachten. Frage auch nach, wenn du etwas nicht verstehst.

Arbeitsanweisungen, die du schon verstehst	
Вспо́мни(те)!	Erinnere dich! Erinnert euch!
Говори́(те) пра́вильно!	Sprich (Sprecht) richtig!
Допо́лни(те)!	Ergänze (Ergänzt)!
Запо́мни(те)!	Präge (es) dir ein! Prägt (es) euch ein!
Напиши́(те) отве́т!	Schreib(t) eine Antwort!
Отве́ть(те)!	Antworte(t)!
Отве́ть(те) на вопро́сы!	Beantworte(t) die Fragen!
Переведи́(те)!	Übersetze! (Übersetzt!)
Повтори́(те), пожа́луйста!	Wiederhole (Wiederholt) bitte!
Прослу́шай и прочита́й стихотворе́ние!	Höre dir das Gedicht an und lies es!
Посмотри́(те)!	Sieh (es) an! Seht (es) euch an!
Прочита́й(те)!	Lies! Lest!
Прочита́й(те) стихотворе́ние!	Lies (Lest) das Gedicht!
Рабо́тайте в па́рах!	Arbeitet paarweise!
Расскажи́(те)!	Erzähl(t)!
Расскажи́ о себе́!	Erzähle etwas über dich!
Скажи́(те) по-ру́сски!	Sage (Sagt) (es) auf Russisch!
Слу́шай(те)!	Höre (Hört) zu!
Спроси́(те)!	Frage (Fragt)!
Сравни́(те)!	Vergleiche (Vergleicht)!
Сравни́(те) и запо́мни(те)!	Vergleiche und präge (es) dir ein!
Чита́й(те) скорогово́рку!	Lies (Lest) den Schnellsprechvers (den Zungenbrecher)!

Bildnachweis

Archiv VWV 8 (mi.), 9 (o. l.), 12 (r.), 18 (2), 33 (l. o., l. mi., l. u., u. mi. und r. o., r. mi.), 38 (o. r. und o. l.), 40, 43 (5), 52 (3), 53 (o. r. und u. l.), 66, 81 (5), 83 (3), 84 (3), 87 (o.), 89, 91 (u. mi.) | © Agentur Focus 68 (l. u.) | © akg-images 74 (u. r.) | © Berlin Picture Gate/Sabine Gudath 53 (3. von o. r.) | © blickwinkel /P. Royer 53 (2. von o. r.) | © Bridgeman Art 52 (o. 2. von r.) | © Das Fotoarchiv 43 (mi. l.) | © Das Fotoarchiv/Xinhua 6 (o. 2. von l.) | © Das Fotoarchiv/ Achim Pohl 53 (mi., Gitarrenspieler) | © dpa 6 (l. 3. von o.), 63 | © dpa-Bildarchiv 83 (u.) | © dpa-Report 6 (l. 2. von o.), (2. von o. und von l.), (u. r.), 33(o. mi. und u. r.), 52 (mi.), 82 (o. r.) | © F1ONLINE 12 (l.) | Heilig, René, Berlin 6 (l. u., l. mi), 7 (u.), 9 (o. r.), 10, 18, 23 (7), 24, 25 (mi.), 43 (o. mi., o. r. und mi. r.), 67, 68 (6), 73, 86, 87 (4), 90 | © images.de 38 (u. r.), 54 | © Jahreszeiten Verlag 9 (u.) | © jump Fotoagentur/kristiane vey 53 (mi.) | © Credit: stefankiefer.com 53 (o. l.) | König, Jelena, Berlin 6 (u. 2. von l.) | Kolodzy, Elke, Gera 7 (u. l.), 73 (u. r.), 84 (u. r.) | Kuttig, Siegfried 53 (u., 2. von l.) | © Laif 68 (o. r.) | © mauritius images/ Foodpix 68 (mi. l.) | Photothek.net/Thomas Koe 41 | picture alliance / Bildagentur Huber 6/7 (Hintergrund), 75 | © Russian Look 68 (o. mi.), 72 (2), 76 (r.) | Russian Picture Service 6, (o. r.), 76 (l.) | Russian Picture Service/ Jelena Beloussowa 7 (mi. r.) | Russian Picture Service/ Victor Petchenev 73 (2. von o. l.), (3. von o. l.), 77 | Russian Picture Service 2007/Wjatscheslaw Filippow/ 73 (Hintergrund), 73 (r. o.), 78 (o.) | Scheffer, Susanne, Berlin 43 (o. l.), 87 (u. r.) | Stahr, Roswitha, Roßleben 84 (o. r.) | © StockFood/Newedel, Karl 25 (l.) | © StockFood/Rynio 25 (r.) | © vario-images 50 | © vario-images/Foto-Begsteiger 8 (u.) | Walter, Harry, Greifswald 82 (u. mi.), 83 (o. r.), 91 (u. r.) | Wapenhans, Heike, Neuenhagen 9 (o. mi.), 18 (3. von l.), 38 (u. l.), 82 (mi. l, mi. r., u. l., u. r.), 86 (4), 91 (u. l.) | Wirtz, Peter, Fotografie 61, 74 (o. r.), 78 (u.) | www.moskau.ru/DasStadtjournal 6 (u. mi.)

Herausgeberinnen
Dr. Heike Wapenhans
Dr. Ursula Behr

Autorinnen
Dr. Ursula Behr *Jena*
Dr. Rima Breitsprecher *Greifswald*
Elke Kolodzy *Gera*
Roswitha Stahr *Roßleben*
Dr. Heike Wapenhans *Berlin*

Beratung Monika Schuster *Grimma*

Redaktion Regina Riemann

Illustrationen Katharina Knebel
Umschlaggestaltung groenland.berlin
Layoutkonzept Wladimir Perlin
Layout und technische Umsetzung Marina Goldberg
Bildrecherche Susanne Scheffer

Zum Lehrwerk Dialog 1 gehören außerdem folgende Titel:

Arbeitsheft mit Hör-CD	ISBN 978-3-06-120055-8
Arbeitsheft mit Hör-CD und CD-ROM	ISBN 978-3-06-120007-7
Vokabelheft	ISBN 978-3-06-120016-9
Audio-CD für den Lehrer	ISBN 978-3-06-120040-4
Handreichungen für den Unterricht	ISBN 978-3-06-120037-4

www.cornelsen.de
www.vwv.de

1. Auflage, 5. Druck 2012

Alle Drucke dieser Auflage sind inhaltlich unverändert
und können im Unterricht nebeneinander verwendet werden.

Druck: Stürtz GmbH, Würzburg

ISBN 978-3-06-120000-8

Inhalt gedruckt auf säurefreiem Papier aus nachhaltiger Forstwirtschaft.